ROGER FACON

FULCANELLI CONFIDENTIEL

FINIS GLORIAE MUNDI

Les Cahiers d'Irem N°5

© 2019 LES ÉDITIONS DE L'ŒIL DU SPHINX
ISBN : 979 - 10 - 91506 - 97 - 7
EAN : 9791091506977
Collection Les Cahiers d'Irem (n°5)
ISSN de la collection : 2275-9670
Dépôt Légal : Février 2019

La couverture est signée André Savéant ©

ROGER FACON

FULCANELLI CONFIDENTIEL

FINIS GLORIAE MUNDI

LES ÉDITIONS DE L'ŒIL DU SPHINX
36-42 rue de la Villette
75019 PARIS, France
www.œildusphinx.com
ods@œildusphinx.com

DU MEME AUTEUR

Aux éditions de l'Œil du Sphinx
FULCANELLI & LES ALCHIMISTES ROUGES
FULCANELLI, COMMANDEUR DU TEMPLE
FULCANELLI ET LA GEOPOLITIQUE DU DIABLE

Aux éditions Abysses
L'HERITAGE DU SPHINX

Aux éditions Gallimard
LA CRYPTE, Série Noire

Aux éditions de l'Archipel
LE LION DES FLANDRES

Aux éditions La Branche
POUR VENGER MEMERE, Suite Noire

Aux éditions Baleine
FLIC SUSPENDU N'EST PAS RIPOU
LE REQUIEM DE JOHN EDGAR
SHERLOCK HOLMES SAISI PAR LA DEBAUCHE
À L'OMBRE DES JEUNES FLICS EN PLEURS, *le Poulpe*

Aux éditions L'Écailler
DERNIER BISTROT AVANT LE CIMETIERE
L'EQUARRISSEUR

Aux éditions Fleuve Noir
PAR LE SABRE DES ZINJAS
LA PLANETE DES FEMMES
DIVINE ENTREPRISE
LES SERVITEURS DE LA FORCE, avec J.-M. Parent
LES COMPAGNONS DE LA LUNE BLEME

Aux éditions Eurédif
MORT AU GOUROU

Aux éditions Black Coat Press, Rivière blanche
LA TEMPLIERE

Aux éditions Engelaere
LE SAIGNEUR DES PIERRES
ENTRETIENS AVEC UN TRES VIEUX VAMPIRE

Aux éditions Atout
RUE BICON

Aux éditions Par Hasard
SANG POUR SANG GLAMOUR

Aux éditions Autrement
LE PENDU DE SEPTEMBRE (LILLE, NORD, NOIR)

Aux éditions du Barbu
ON MOURRA TOUS AMERICAIN

Prologue

Septembre 1973.

Je débute mon stage d'enquêteur à l'École Nationale Supérieure de Police de Paris, peu après mon affectation à Lille, au commissariat de Wazemmes.

Monsieur Labbe est un formateur hors pair. Spécialiste de la voie publique et du flagrant délit, il a fait équipe en début de carrière avec le fameux inspecteur Borniche (qui sera incarné à l'écran en 1975 par Alain Delon dans *Flic Story*), il fourmille d'anecdotes sur le milieu parisien de l'après-guerre, il nous parle, comme si nous les avions devant nous, de Pierrot le Fou et René la Canne, caïds légendaires. Ses cours d'investigation sont un régal.

Pour Monsieur Labbe, si l'on devait retenir du **Traité de procédure pénale policière** de **Parra et Montreuil** un seul passage, ce serait celui-ci :

« Il s'agit pour l'enquêteur de décrire les heures, les êtres ou les objets qui présentent un intérêt pour l'enquête.

« Cette description ne doit être ni celle du poète qui transfigure la réalité, ni celle du dramaturge qui l'assombrit, ni celle du journaliste qui retient seulement les détails propres à intéresser plus ou moins ses lecteurs.

« Vérité et efficience restent les préoccupations essentielles de l'enquêteur, son style devra être froid et impassible, même devant les spectacles les plus horribles.

« Concision, précision et technicité sont également de rigueur. »

*

Le temps a passé.

Je n'ai pas oublié.

J'ai fait en sorte que *Fulcanelli confidentiel* ait la rigueur du procès-verbal de constatations cher à Monsieur Labbe et la froideur du rapport d'autopsie tout en gardant un petit côté *Flic Story*, qu'il jette un éclairage cru sur les agissements des activistes de la confusion présents dans toutes les sphères de nos sociétés. Activistes disposant d'excellentes couvertures dans chacune des nations du globe et n'hésitant pas à utiliser les pires méthodes pour rendre particulièrement sanglante la traversée de la phase terminale du Kali Yuga — l'Âge de la déesse Kali (déesse la plus terrifiante du panthéon hindou, représentée le cou ceint d'une guirlande de crânes et la taille lestée d'avant-bras coupés) —, l'Âge Noir qui est nôtre...

L'alchimiste Fulcanelli appelait cette phase terminale de l'Âge de la déesse des crânes et du démembrement le *Finis Gloriae Mundi*, la fin de la gloire du monde.

HIER, AUJOURD'HUI

CHAPITRE PREMIER

Milieu des années 1980.

Je suis enquêteur de police, affecté au commissariat d'Aniche, petite cité alchimique du verre sise entre Douai et Cambrai.

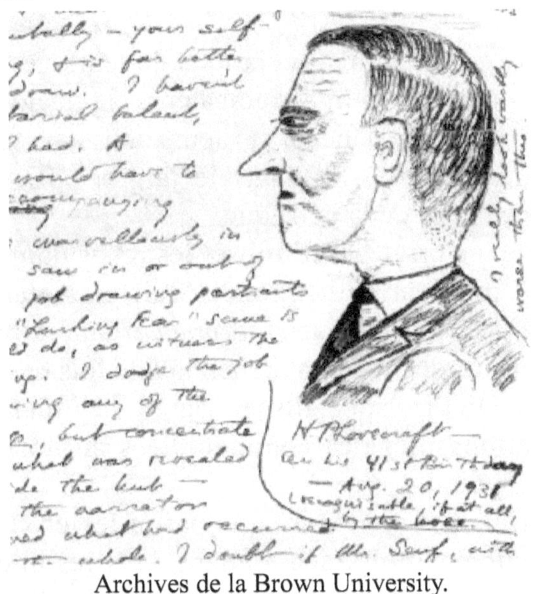

Archives de la Brown University.

J'apprends incidemment que des adolescents passionnés de fantastique y vouent un culte « romantique » à H.P. Lovecraft et aux Grands Anciens. Ils franchissent nuitamment les grilles du vieux cimetière pour conduire des rituels destinés à hâter le retour des Grands Anciens sur notre planète. Ils s'introduisent dans des mausolées éventrés afin de célébrer leur culte nocturne parmi les ossements, non loin d'une tombe où repose un « double » de Lovecraft à en juger par le portrait sous verre ornant la pierre tombale. Portrait craché du reclus de Providence, du moins en sont-ils persuadés.

À la même époque, des adultes, membres d'un cercle noir, franchissent, lors de la pleine lune, les mêmes grilles du même vieux cimetière pour rendre un culte à une momie égyptienne enfouie dans une tombe anonyme. Ils se déplacent en Mercedes et Volvo.

A partir des immatriculations de leurs véhicules, relevées par l'un de mes indicateurs, je décide, hors hiérarchie, de me pencher sur leurs activités, fort peu romantiques celles-là. Dans le jargon policier, on appelle ça faire de la perruque.

Je ne me prive pas d'utiliser les relais dont je dispose à l'intérieur de la Grande Maison. Notamment du côté des « historiques » d'une certaine « brigade des coups tordus » (ayant dépendu à la fois des RG et de la DST), spécialisée dans la réalisation d'opérations illégales commanditées au nom de la raison d'État.

Je finis par apprendre que parmi les protecteurs des magiciens noirs déambulant dans les allées du vieux cimetière d'Aniche figure un avocat d'affaires, maçon écossais, basé à Paris, lié aux services de l'OTAN et au grand banditisme.

Cet avocat d'affaires entretient une liaison avec une jolie DRH de Lille. Il a œuvré, à ses débuts, pour le *Centro Mondiale Commerciale* et les réseaux du commissaire Blémant. Il adore Lovecraft, lui aussi. Et Satan. Il est cul et chemise avec un trafiquant de drogue, ancien membre du Service d'Action Civique (SAC), dont le triangle des Bermudes préféré est Lille-Marseille-Rome. Ce trafiquant tutoie Charles Pasqua et Omar Bongo, il joue à l'HC (honorable correspondant), il fait des affaires en Afrique, il séjourne volontiers à New York et à Los Angeles. Il adore Lovecraft, lui aussi. Et Satan. Il se livre à la magie noire avec sa maîtresse (que j'appellerai Josette Dumont et ferai intervenir dans les pas de l'inspecteur Dourda, des Renseignements généraux de Lille).

Impossible d'évoquer publiquement de tels faits entrant dans le domaine de ce qu'on appelle la raison d'État et de mentionner les identités réelles de leurs auteurs sans m'exposer à de graves ennuis judiciaires et... des représailles physiques.

D'autant qu'à l'époque, côté police-justice, j'ai déjà largement entamé mon crédit. Suite à une assignation, avec mon ami Jean-Marie Parent, devant le TGI de Nice, puis le TGI de Paris pour cause de publication des *Meurtres de l'occulte*, chez Alain Lefeuvre — ouvrage dont d'aucuns ont réclamé l'interdiction —, je suis dans le collimateur d'un procureur de la République et de mes collègues des RG, lesquels n'ont que modérément apprécié mon choix de prendre pour défenseur un avocat communiste, Me William Caruchet, soutien de la cause palestinienne et ancien membre de l'Orchestre rouge de Leopold Trepper.

Depuis mon passage à Lille, au commissariat de Wazemmes, sixième arrondissement — le « Bronx » de la capitale des Flandres —, je connais quelques gros bras du SAC, à peine désorientés par la dissolution de leur organisation suite à la tuerie d'Auriol. Ils continuent de barouder en « free-lance », de rendre de petits services à certains cercles patronaux parisiens et marseillais.

Je me tourne discrètement vers eux.

Leurs recommandations sont claires. « T'attaque pas à eux. Ce sont des malades. Ils régleront ça au 11,43 ». Calibre sans appel.

Même son de cloche du côté d'un vieux collègue, inspecteur principal de son état, spécialiste du renseignement politique, mis à la retraite d'office après être passé par la case prison. (Son passage à Wazemmes, son appartenance à la franc-maçonnerie, sa fascination pour l'ésotérisme, son expertise en matière de renseignement et son incarcération dans une maison d'arrêt du Pas-de-Calais expliquent en partie la psychologie et le cheminement du personnage Francis Rolou dont vous vous apprêtez à faire connaissance...) « Avec les réseaux de l'OTAN, ça ne rigole pas. Moi, à ta place, je laisserai tomber. Pense aux tueries du Brabant... » Telles sont ses amicales consignes.

Consignes toujours d'actualité.

En dépit de la fin de la Guerre froide, les réseaux de l'OTAN sont plus opérationnels et plus puissants que jamais.

J'ai suivi (provisoirement) les consignes de mon ami inspecteur principal, spécialiste du renseignement politique. Pas de livre... Mais je suis retourné interroger d'anciens « cordeliers » du SAC de Lille.

Bonne pioche, ils savaient pas mal de choses sur les réseaux de Blémant, leurs liens avec la pègre marseillaise et la pègre lilloise.

Et feu le *Centro Mondiale Commerciale*.

*

Or qui dit *Centro* — nous allons le voir dans notre état des lieux — dit vrais maîtres du monde...

CHAPITRE 2

Finis Gloriae Mundi devait clore la trilogie entamée en 1926 chez l'éditeur parisien Jean Schemit avec
la publication du *Mystère des cathédrales…*

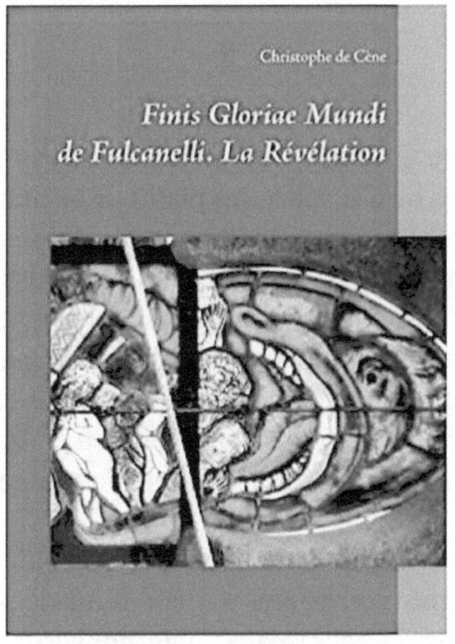

002 – Archives éditeur.

Mais Fulcanelli renonça à publier son troisième et
dernier opus pour les raisons que j'ai évoquées dans
Fulcanelli, commandeur du Temple paru à l'Œil du
Sphinx. Il récupéra les liasses de notes placées dans une
enveloppe scellée, remise à son disciple et agent
littéraire Canseliet, avant que celui-ci eût pu ouvrir
ladite enveloppe.

Fulcanelli, après avoir renoncé à publier cet opus, n'a toutefois laissé aucune consigne empêchant quiconque le souhaiterait de se pencher sur le *Finis Gloriae Mundi* et encore moins de le faire sous la forme d'un roman...

Genre littéraire particulièrement prisé de nos contemporains, le roman ne saurait être négligé par les lanceurs d'alerte. Aussi ai-je décidé de l'utiliser.

*

Lorsque Fulcanelli avait récupéré ses fameuses notes auprès de Canseliet, les plaies de la Grande Guerre étaient encore béantes, ses amputations, ses cassées bien visibles. Et les charniers que la mitraille laissait derrière elle, loin d'être tous répertoriés, annonçaient, en pleine montée du communisme et du nazisme, d'autres charniers. Le Forgeron solaire savait combien l'histoire allait s'accélérer, combien l'industrie guerrière et pétrolière allait prospérer et contribuer à géopolitique du Diable.

Aujourd'hui, la situation internationale à laquelle nous sommes confrontés — sur fond de « choc des civilisations » cher aux néo-conservateurs, aux multinationales de l'armement et aux compagnies pétrolières — montre que nous avons atteint un point de non-retour.

Notre monde « moderne » est entré en agonie et nos gouvernants feignent de l'ignorer.

Combien de temps cette agonie va-t-elle durer, quels vomissements politiques, quelles fièvres financières, quelles convulsions climatiques, quelles diarrhées terroristes va-t-elle amplifier avant la dislocation finale, attendue par les uns, niée par les autres ?...

J'ai choisi, avec *Fulcanelli confidentiel*, de livrer au lecteur un roman se voulant aussi efficace qu'un livre-enquête, aussi étayé qu'un essai et d'autant plus « charitable » que je n'ignore pas combien nos modernes gouvernants — si « envieux » par nature et par calcul — prennent de libertés avec la réalité lorsqu'ils parlent de *roman national* pour habiller leurs agissements discutables, dorer leurs fameux éléments de langage et les inclure avec lyrisme dans la marche de l'Histoire qu'ils contribuent à fausser. Leurs romans nationaux — quand on gratte un peu les dorures dont ces bateleurs raffolent — ont des allures de romans noirs, sur fond d'argent sale, d'assassinat de présidents (Doumer, JFK, Salvador Allende...), d'assassinat de ministres (Olof Palme, Fontanet, de Broglie, Boulin...), d'assassinat de juges (Renaud, Michel, Giovanni Falcone...), d'assassinat de journalistes (Anna Politkovskaïa, José Guadalupe Chan, Jamal Kashoggi...), de trafics d'influences, de ventes d'armes, de situations d'apartheid, de guerres régionales et de bateaux de migrants. Ce sont de vrais-faux romans, comme il existe de vrais-faux passeports.

ÉTAT DES LIEUX...

CHAPITRE PREMIER

Los Angeles, de nos jours

Les « signes » se multiplient.

Le feu gronde, il faut apaiser la colère du feu par les rituels.

Paris

Le Maître de Saint-Merry rejoint le sanctuaire de la déesse Sekhmit, vieille ennemie d'Isis, protectrice de l'antique cité traversée par la Seine.

L'heure approche, il faut faire couler le sang. Encore et encore. Il faut renouveler les noces chymiques inversées. Les noces noires célébrées à Salem, la bonne ville de Salem, aujourd'hui Danvers, comté d'Essex, dans le Massachusetts.

Dès 1688, Abigail William et ses amies avaient prêté allégeance à Shaytan et aux Grands Anciens Témoins des Premiers Mondes, suivant en cela les instructions secrètes de Tituba, servante du Révérend Samuel Paris, pasteur de Salem. Elles furent pendues. La veille de leur exécution, un Grand Ancien vint les visiter dans leur cellule, il les honora de sa semence astrale.

Gloire aux Grands Anciens et à leurs servantes, les sorcières de Salem, entrées dans l'éternité noire pour que s'accomplisse ce qui doit être accompli !

CHAPITRE 2

Lille, cimetière de l'Est

– Amen, dit le prêtre.

Le cercueil de tante Anna disparaît dans la tombe.

Régis Fadurian fait un pas, se penche, jette la rose qu'il triturait depuis son entrée dans le cimetière. La bouche d'ombre happe la rose. Sans tante Anna, jamais Régis ne serait devenu l'associé de Stanley McNess, l'avocat préféré des grosses fortunes de Sunset Boulevard. Le *must* pour un Ch'ti né en 1981, arraché à la capitale des Flandres à l'âge de cinq ans, vivant dix mois sur douze à Los Angeles.

– Amen, murmure-t-il en pivotant.

Il passe devant la tombe de Pierre Mauroy, il suit Sauveur Piluti jusqu'à sa vieille Lincoln. Les flics du SRPJ les attendent devant les grilles du cimetière. Un Black au crâne rasé lui broie la main avant de la secouer.

– Lieutenant Makélé, maître. Mes condoléances.

– Merci.

– On s'est parlés hier au téléphone. Pouvez-vous passer boulevard de la Liberté ? En fin d'après-midi, par exemple ?

– Oui.

– Alors à tout à l'heure, maître.

– À tout à l'heure, lieutenant.

Sauveur Piluti serre le poignet gauche de Régis Fadurian avant de démarrer.

Sauveur est un tactile. Il a « le fluide », disait tante Anna. Il est originaire d'Ajaccio. Il a perdu deux frères dans des règlements de comptes liés aux problèmes de succession de la Brise de Mer, un gang qui ne faisait pas dans la dentelle. Sauveur Piluti est expert-comptable de formation. C'est un ancien gestionnaire de fortune. Il rentrait de Suisse où il s'était spécialisé dans l'achat d'or quand tante Anna l'avait embauché, il y a trente ans, pour assumer la direction financière de sa société de production et de diffusion de films *Plaies, bosses et compagnie* installée place Rihour. Il a largement eu le temps de se faire à la pluie et au brouillard du Nord.

– On va où ?

– À Wazemmes, notre Bronx à nous... Prendre un petit noir et causer boulot avant ton rendez-vous chez le notaire. Qu'est-ce que t'en dis ?

– Parfait.

L'endroit se prête aux confidences.

Surtout sous le soleil de septembre. Quand Lille se tape ses 32 degrés à l'ombre comme une ville de la Costa del Sol et qu'un dictaphone *Sanyo* et deux cassettes attendent votre bon vouloir...

De grosses taches de sang séché maculent encore la bordure *Talk Book* VAS du dictaphone. Le sang de tante Anna... Il a giclé quand le tueur lui a collé une balle de 9 mm en pleine tête après avoir abattu Serge Scocisse, son directeur général, adossé à la porte, son ombre, son confident. C'est Sauveur Piluti qui a embarqué le dictaphone et les cassettes avant l'arrivée des policiers lillois. Ils étaient coincés sous le menton de tante Anna tandis que le sang s'écoulait vers un pot à stylos et un coupe-papier.

Les cassettes relient la capitale des Flandres de la jeunesse de tante Anna à la Rome de son ami Pasolini. Elles restituent la voix éraillée d'une femme qui semble avoir picolé ou pris des calmants et tient des propos décousus.

Salope, quand tu m'entendras, je serai morte... Et « le loup » m'aura rejoint de l'autre côté... Mais ne te réjouis pas trop vite ! « P'tit loup » me vengera... Tu ne perds rien pour attendre avec tes simagrées, tes films de merde, ta maison de prod à la con !... Tu va crever, salope ! Les flammes de l'enfer sont à ta porte !...

La voix éraillée évoque l'année 1975 et des tas de gens.

JFK.

Marilyn Monroe.

Le « Commendatore ».

Mais aussi le commissaire Blémant... Les frères Guérini. L'ex-inspecteur Dourda. Le réalisateur Roman Polanski... Et les démons qui sont répandus dans le monde pour mener le genre humain à la perdition.

Oui ! Les démons...

Et leur cour, composée des âmes corrompues des habitants des premiers mondes appelés Grands Anciens.

La voix éraillée est celle d'une dingue ! Ce qui est d'autant plus inquiétant... Quant à la deuxième cassette, elle fait la part belle aux années quatre-vingts.

Et au loup.

AVANT-HIER

CHAPITRE PREMIER

Lille, 299ᵉ jour avant la mort de Pasolini

Le directeur régional des Renseignements généraux est au garde à vous. Il tient le combiné téléphonique comme un chanoine tiendrait le Saint-Sacrement.

– Oui, monsieur le directeur de cabinet... Tout à fait, monsieur le directeur de cabinet... Ce sont les hommes de la situation, monsieur le directeur de cabinet...

Paris, même soir

On marche dans le couloir.

Le danger a des pantoufles aux pieds, disait volontiers le commissaire Blémant. Le loup se laisse glisser du sofa où il sommeillait. Sa main droite plonge sous l'amas de coussins. L'acier du Sig Sauer le rassure.

Ils sont deux dans l'encadrement de la porte. Le loup fait mouche deux fois.

Les intrus s'écroulent en faisant un boucan qui va réveiller la vieille folle du dessous. Pas grave. La moquette éponge le sang, c'est déjà ça. Le plafond de la vieille ne se tachera pas tout de suite. Et puis le loup a loué l'appartement sous un faux nom.

Il fouille les deux cadavres. Pas de papiers sur eux. Normal. Ce sont des gens de la Piscine... Des maîtres-nageurs du colonel Mercier sous-traitant pour

Toto Riina. Des pantins à la solde de Cosa Nostra et d'Angleton. Ils devaient suivre Luigi Flipo quand il l'a rencontré ce matin... Ils se sont attachés à ses pas au retour et il ne s'en est pas aperçu.

Le loup serait-il en train de vieillir ?

Il est le loup depuis le terril de Denain, les travaux de jardinage chez papa Blémant. Bien avant le képi blanc de la Légion et les cactus de Dallas, Texas.

Il ricane en enfilant son long manteau de cuir noir.

Il dispose de deux autres planques dans Paris. Il a le temps filer par les toits, de se fondre dans la nuit.

Demain, il doit rencontrer le Sphinx. Ça tombe bien. Il ne veut plus entendre parler de ce faux-cul de colonel Mercier. Il demandera au Sphinx d'assurer le rapatriement des deux cadavres qu'il laisse derrière lui.

CHAPITRE 2

Lille, janvier 1966

L'inspecteur de police René Dourda, 22 ans, vient d'être affecté aux Renseignements généraux de la capitale des Flandres, son premier poste.

On l'a mis avec un vieux de la vieille. L'inspecteur divisionnaire Marcel Tréand, un paria. Muté disciplinaire de Marseille à Paris, de Paris à Lyon, puis de Lyon à Lille en l'espace de deux ans. Une forte tête qui aime flamber au poker, porter des costumes taillés sur mesure et des chaussures en croco. Tréand est le chouchou du nouveau directeur, le commissaire divisionnaire Laronde. Un ancien de la DST de Marseille. Surnommé « Laronde de nuit » à cause de ses sorties nocturnes. Un dur, Laronde. À Alger, il n'a pas fait dans la dentelle, il avait son couvert chez les paras.

Tréand connaît Laronde depuis Marseille. Ils s'apprécient.

Tréand prend en charge ce qu'on appelle « la brigade des coups tordus ». Une brigade qui n'existe pas sur le papier. Qui n'apparaît dans aucun organigramme. Qui n'a aucune existence officielle. On l'appelle aussi la brigade « noire ». C'est tranquille, le noir... Ça « Soulages », aime à répéter Laronde dont l'épouse tient une galerie d'art.

À la noire, Tréand et René prennent leur pied à faire chier les maos. Des petits merdeux qui veulent obliger les Ch'tis à manger leur carbonnade flamande avec des baguettes. Des fous dangereux. Tréand et René ne se contentent pas de leur pourrir la vie, ils font aussi de l'intimidation de clientèle pour une femme d'affaires, Josette Dumont, qui vient de racheter une fabrique de machines-outils à Lille. Puis ils aident cette quadragénaire fonceuse qui a un petit côté Martine Carol à monter une boîte de gardiennage. Ils obtiennent en échange 10 % des parts... Dourda assure le volet tendresse de « la patronne ». Cette femme d'affaires froide et organisée, qui ne vit que pour son travail, n'a besoin que de deux soirs d'amour par semaine. Il les lui donne. Josette est aussi généreuse que discrète. Il n'est jamais question d'argent entre eux. Elle glisse les gros billets dans ses poches de pantalon pendant qu'il passe par la salle de bains, elle bourre ses chaussures de montres Rolex, briquets Dupont, stylos Montblanc.

Mais Josette est bizarre...

Sa maison est remplie de colonnes doriques. De tentures écarlates. De plafonds noirs. Surtout, elle comprend une pièce où il est interdit d'entrer. Une pièce hexagonale. Avec une statue ailée et griffue en son centre.

Et une petite rigole creusée au pied de la statue...

Pour que le sang puisse s'écouler jusqu'à une petite grille masquant un puits.

Un puits creusé depuis des siècles, mais ça, Dourda ne le sait pas encore. Il a compris l'utilité de la rigole à cause de petites traces de sang séché... Ça l'a aussitôt fait penser à des messes noires, à des poulets sacrifiés en hommage à Satan. Des trucs de riches un peu blasés cherchant à se faire peur en transgressant leur morale bourgeoise à deux balles.

CHAPITRE 3

Marseille, septembre 1972

3 heures du matin. L'homme a tout juste le temps d'ouvrir la portière de sa voiture. L'inspecteur de police René Dourda s'est approché sans bruit.

– De la part de Blémant !...

Le Beretta crache sa première balle. L'homme s'effondre, l'occiput éclaté. Des débris d'os et de matière cervicale dessinent une arabesque gluante sur le pare-brise. Deuxième balle, dans la nuque, pour le *fun*. L'inspecteur Dourda se hâte jusqu'à la BMW munie de fausses plaques d'immatriculation au volant de laquelle se tient Tréand.

– T'es le meilleur, dit l'inspecteur divisionnaire en faisant craquer la boîte de vitesses.

L'homme à l'occiput éclaté est le dernier truand du clan Guérini, il a été mêlé à la liquidation de Robert Blémant, un Ch'ti, originaire de Valenciennes, flic à Lille, puis à Marseille, commissaire à la DST, passé au grand banditisme dans les années cinquante, assassiné en mai 1965 sur une route départementale, entre Pélissane et Lançon de Provence, par quatre tireurs, tous assassinés par la suite.

Au mieux avec la CIA, mais aussi avec les fondateurs du SAC, l'ancien flic Blémant gère le cabaret *Le Drap d'or* à Marseille quand l'inspecteur Marcel Tréand fait sa connaissance et entre dans son premier cercle. Ils vont rester proches jusqu'au bout.

Antoine Guérini, parrain marseillais, commanditaire de l'assassinat de Blémant, est liquidé en 1967.

Et aujourd'hui, Tréand a vengé Blémant jusqu'à la dernière goutte de sang ! Et il a fait du « minot », du gamin, son héritier spirituel. Car René Dourda, pour Tréand, est le « minot », le fils qu'il aurait aimé avoir si la nature lui avait permis d'engendrer. Tréand est stérile et cette stérilité lui a coûté son mariage. Sa femme — qu'il adorait — l'a quitté pour se faire engrosser par un autre. Et c'est là que son destin a basculé. Qu'il est devenu ce qu'il est... Un voyou. Un ripou. Un tueur.

Calais, juin 1972

Joli braquage. Trois sacs postaux bourrés de billets usagés. René Dourda est resté en couverture, pistolet-mitrailleur à la hanche. Visage dissimulé sous un bas, perruque rousse, casquette para. Voitures relais. BMW et Golf GTI. Butin : 220 millions d'anciens francs. Le jack-pot.

René prend des parts dans deux restaurants lillois par l'intermédiaire d'un prête-nom. René est sicilien par sa mère, il parle couramment l'italien. Sa famille maternelle est originaire de Palerme. Bon sang ne saurait mentir. Il est allé en vacances là-bas, chez sa grand-mère, chaque été, jusqu'à l'âge de treize ans. Il y a conservé des tas de cousins auxquels il téléphone de temps à autre. Il y retournera bientôt. Histoire d'acheter deux, trois épiceries que ses cousins géreront pour lui. La famille, ça compte pour René. Il tient ça de sa mère. De son père, par contre, il ne tient rien. Coco jusqu'au bout des ongles, le père Dourda. Heureusement que la mère Dourda le trompait avec un officier CRS de Lambersart... C'est le CRS qui est intervenu auprès des RG pour l'enquête de moralité de René, sinon adieu police ! On ne rigole pas avec ces choses-là sous Pompidou, pas davantage sous Giscard. On fonctionne à l'idéologie.

René maintenant roule en Porsche d'occasion. Bien sûr, la Porsche est au nom de Josette. Ça intrigue en préfecture, mais ça passe.

Saint-Raphaël, août 1975

Deux semaines de vacances avec Josette et Fabienne, dite « Frimousse », la fille unique de Josette, 22 ans tout pile, comédienne à Paris, splendide.

Fabienne a fait italien première langue, ça meuble entre les fous rires, ça crée de la complicité sur la plage.

Rome, 2 septembre 1975

Un avocat d'affaires, ami d'enfance du Général de Gaulle, entretient une liaison sulfureuse avec l'épouse d'un ministre romain suspecté de travailler pour Cosa Nostra qu'on appelle en France la Mafia. Notre ami encore bien vert s'affiche dans des endroits branchés avec l'épouse infidèle. Affaire délicate, car l'ancien visiteur du soir du Général tient des propos peu amènes en public à l'endroit de notre ambassadeur au Vatican...

Tréand est mis sur le coup par Laronde en lien avec une « cellule noire » qui dépend à la fois de la DCRG et de l'Élysée. René est concerné par ricochet.

Billard à trois bandes même. Car Fabienne, dite Frimousse, est à Rome pour cause de petite tournée théâtrale d'un genre très particulier. Elle estime avoir besoin d'un garde du corps.

René fera l'affaire.

CHAPITRE 4

Rome, 3 septembre 1975

La Lilloise Fabienne Dumont, dite Frimousse, rêve de faire du cinéma. Elle a couché avec une flopée de producteurs et de réalisateurs français sans pour autant décrocher un rôle digne de ce nom alors qu'elle a du punch et de l'ambition à revendre !

En début d'année, elle a été présentée à Pier Paolo Pasolini par une amie commune, Anna Fadurian, une Lilloise rigolote, d'origine arménienne, qui a fait la pluie et le beau temps chez Pathé avant de se tourner vers d'autres horizons, et le courant est passé entre eux. René Dourda n'a vu de Pasolini que *Le Décaméron*, mais il a apprécié ce film truculent, aussi croise-t-il les doigts pour que Pasolini donne à la fille de Josette ce coup de pouce qu'elle attend et mérite autant qu'une autre.

Pasolini achève de tourner *Salo ou les 120 journées de Sodome*. Il a encouragé le dramaturge Mario Manca, l'un de ses amants, qui adore la France, à parodier *Salo...* Ça a donné *La République des Salauds*. Spectacle underground, interactif, réservé à des spectateurs iconoclastes. Bourgeois. Richissimes. Et de préférence de gauche... Une tournée clandestine est prévue à Paris, dans le Nord–Pas-de-Calais et en Belgique au printemps 1976. Frimousse en sera, bien sûr.

Les spectateurs auront à s'acquitter d'un impôt révolutionnaire appelé à être reversé, une fois les acteurs défrayés, aux mouvements de libération d'Amérique latine.

René Dourda tique un peu. Ça sent l'embrouille gauchiste...

Dourda et Tréand débarquent à Rome le 3 octobre 1975. Ils disposent de vrais-faux passeports et d'une planque dans un immeuble cossu de la piazza di Spagna. Une planque contiguë à l'appartement qu'occupe l'ancien visiteur du soir du Général de Gaulle quand il est de passage dans la ville du cinéma pour jouer à touche-pipi avec sa « mafiosa » et déblatérer sur l'ambassadeur catho, Matignon et l'Élysée...

Théoriquement, les services extérieurs français ne sont pas dans le coup. La petite escapade romaine de Tréand et de son jeune protégé est surtout une idée du ministre de l'Intérieur Michel Poniatowski qui a Laronde à la bonne depuis la guerre d'Algérie. Si l'opération échoue, il y a de grandes chances pour que les deux « touristes » soient abandonnés à leur triste sort par leur employeur. C'est la dure loi du genre. Mais les deux touristes croisent les doigts. Ils ont confiance en leur bonne étoile. Aussi, le soir même de son arrivée sur le sol romain, René dîne-t-il avec Frimousse dans un petit restaurant plutôt chic du Campo dei Fiori. La jeune comédienne qui flirte d'habitude avec l'anorexie mange comme quatre. Il n'en revient pas.

– Le boulot, postillonne-t-elle. Et encore, avant de te rejoindre je me suis fait réchauffer une boîte de cassoulet ! J'alterne avec les chevriers et les haricots blancs pour avoir, si j'ose dire, du souffle ! Deux boîtes quatre quarts avant chaque représentation, tu t'imagines ? C'est dur, le théâtre engagé...

Il hoche la tête, il se sent un peu stupide.

– Elle est à quelle heure, déjà, ta « première » ?...

La fille de Josette jette un œil à sa Cartier.

– Minuit pile.

– Tu ne veux toujours pas me dire en quoi consiste ton rôle ?...

– Non, c'est pas racontable... Faut le voir, c'est tout.

CHAPITRE 5

Hôtel particulier du XVIIIe siècle érigé place del Popolo, à l'emplacement des racines du peuplier préféré de Néron, d'après la légende. Du marbre et des dorures partout. Avec en prime le fantôme de l'ancien tyran sanguinaire qui errerait certaines nuits de pleine lune dans le grand salon, la salle « clandestine » où ont été conviés les spectateurs qui ont accepté de payer une fortune pour assister à la première de *La République des Salauds* en présence de Pier Paulo Pasolini, venu donner un petit coup de pouce à son ami Mario.

Frimousse est la première actrice à entrer en scène.

Elle est nue mis à part des souliers à très hauts talons et un bibi noir agrémenté d'une voilette.

Dès la première réplique, René hoche la tête. Frimousse avait raison au restaurant, ça n'est pas racontable.

René ramène Frimousse à son hôtel, à deux pas du Colisée, sur le coup de 3 heures du matin.

– Monte, j'ai mis le champagne au frais, l'invite la future star.

Il n'ose refuser. La chambre est somptueuse. Manca et Pasolini sont des enculés de première, mais ils traitent royalement leurs acteurs.

– Qu'est-ce que tu en penses ? minaude Frimousse.

– De ta chambre d'hôtel ?

– Non, de la pièce qu'on a interprétée.

– C'est... C'est assez surprenant.

Elle allume une cigarette anglaise.

– Faire ma grosse commission en *live* devant des bourgeois qui ont tous plus ou moins fricoté avec la Démocratie chrétienne ne me gêne pas trop, c'est vomir que je trouve pénible ! Je ne sais pas si tu as remarqué, mais je gerbe trois fois durant le deuxième acte ! On dirait que j'ai l'estomac plein d'aiguilles de cactus à la fin... Mais bon, le théâtre engagé, c'est le théâtre engagé.

– C'est pas la Comédie Française, ça c'est sûr...

Elle expédie une longue colonne de fumée au plafond avant d'envoyer dinguer ses chaussures sous le lit.

– Tu dors ici ?

– Je...

Elle éclate de rire.

– Me dis pas que c'est à cause de l'absence de pyjama ?...

– Non, je ne le dirai pas.

– Tant mieux ! Peut-être que tu vas tirer le gros lot... Peut-être que côté cul et côté Q.I. tu vas me trouver beaucoup plus profonde que ma mère.

Après l'amour, ils fument un joint qu'ils se repassent en regardant le plafond.

– Paraît que t'es un sale petit curieux ?...

René fait la grimace.

– Moi ?

– Oui, toi qui viens de me sauter comme un chef... Tu as utilisé un passe pour t'introduire, en l'absence de ma mère, dans un endroit où tu n'aurais jamais dû entrer sans y être autorisé...

René se sent rougir comme un gamin pris en faute. Il hoche la tête.

– J'ai fait ça, c'est vrai... Je n'aurais pas dû.

Au tour de Frimousse de faire la grimace.

– Ah ! Ça non, t'aurais pas dû ! Ma mère ne t'a rien dit...

– Non.

– Seulement, le lendemain, c'était ton jour.

– Quel jour ?

– Ton jour de la sauter...

– Possible.

– Elle t'a tiré les cheveux pour en prélever deux ou trois sans que tu t'en rendes compte pendant l'orgasme... Et elle a aussi gardé ton sperme.

Il fait mine de réfléchir.

– Pour en faire quoi ?

– Tu sauras ça tout seul comme un grand... D'ici une semaine, un mois ou un an. Ils ne sont pas pressés... Mais personne ne peut les arrêter... Exactement comme moi, quand j'ai envie de baiser.

René est sur les rotules quand il quitte la chambre vers 10 heures du matin.

Il est un peu chagriné par l'histoire des cheveux et du sperme prélevés à son insu par la mère de Frimousse... Il a comme un mauvais pressentiment en sortant de l'ascenseur. Comme si Frimousse avait fait la même chose pendant qu'il dormait.

CHAPITRE 6

René Dourda rentre pile poil Piazza di Spagna pour apprendre que l'appartement qu'occupe l'avocat d'affaires, traité par la Direction centrale des RG sous le nom de code « Rumeur », a été sonorisé par un « plombier » de l'ambassade de France à Rome.

– Bravo !

– Au fait, tu as bien baisé, gamin ?

– Oui... La fille vaut largement la mère.

Bonne pioche au niveau des écoutes téléphoniques.

D'après une confidence de Rumeur au correspondant romain du quotidien belge *Le Soir*, il existerait une « piste voire une implication française » au sujet de la disparition du journaliste Mauro De Mauro. Ce dernier était l'une des grandes signatures de *l'Ora*, journal sicilien habitué à dénoncer les crimes de Cosa Nostra.

De Mauro a disparu de la circulation en septembre 1970. Son corps n'a jamais été retrouvé.

Palerme, 12 septembre 1975

Manca fait jouer sa *République des Salauds* au Palazzo Gemini, demeure ancestrale du prince Emilio Alessandro de Marsala de San Paoli. Un palais qui a vu défiler pas mal de têtes couronnées en huit siècles d'existence.

À l'issue de la représentation, Pasolini s'épanche auprès du prince Emilio Alessandro, ami d'enfance et mécène de Manca.

Frimousse laisse traîner l'oreille.

003 – Affiche du flim.

Pasolini craint que *Salo ou les 120 journées de Sodome*, le film qu'il a achevé de tourner en mai à Cineccità, reste amputé de ses scènes les plus significatives. C'est-à-dire les plus politiques. L'appartement où Pasolini vit avec sa mère et sa petite-cousine, via Eufrate, a été cambriolé trois fois. Les cambrioleurs ne s'intéressaient ni à l'argenterie ni aux bijoux, mais à certains rushs... Passolini va devoir faire avec ce qu'il lui reste au montage.

Sauver les meubles.

N'empêche que croire, au terme d'un tournage mouvementé, que trois cambriolages suffiront à tarir sa soif d'en découdre avec le système petit-bourgeois, c'est engager un pari idiot. Non seulement Pasolini entend casser la baraque avec *Salo ou les 120 journées de Sodome*, mais récidiver plus vite que ses ennemis ne le supposent. Avec le long métrage qu'il a en tête depuis un bon moment déjà... *Standard Criminal Petroleum*. Un truc appelé à faire grincer bien des dents, le prolongement en salle du gros roman *Pétrole* qu'il a promis à son éditeur. Une vraie bombe à retardement.

Aussi convient-il de se montrer prudent. De mener ce projet comme une opération militaire. En utilisant toutes les possibilités de la guerre psychologique.

CHAPITRE 7

Le lendemain, le portail de la villa de Croce Verde Giardini est plastiqué. La comtesse retire son invitation. Pasolini, Manca et sa troupe ne sont plus les bienvenus en Sicile. Prière de reprendre l'avion pour Rome.

Atterrissage à Rome-Fiumicino.

Frimousse et René dînent aux chandelles dans un petit restaurant proche du palais Farnèse. *Pasta* au ragoût d'agneau.

– Tu m'épates, confesse René.

– C'est vrai ?

– Mille fois vrai. T'imposer comme tu le fais dans un truc aussi improbable en seulement deux petites représentations, moi je dis chapeau ! D'autant que tu as pas mal de texte à dire !... Et tu te retrouves au milieu de comédiens confirmés. Même les petites dindes qui se contentent de dire trois mots assises sur le pot, elles ont tourné dans plusieurs films... *Porcherie, les Contes de Canterbury, Histoires scélérates,* d'après ce que j'ai pu saisir de leurs conversations dans les loges.

– Merci, trésor. Je te promets une belle récompense tout à l'heure, quand nous serons rentrés à l'hôtel...

Il l'a dans la peau autant que sa mère, il en est sûr maintenant.

Cette nuit, la nuit dernière et la nuit d'avant, il a rêvé d'elles. La mère et la fille enlacées. Sur des paillasses grouillant d'araignées et de serpents. Dans une tour en ruine. En pleine forêt.

Une vieille femme couverte de crasse lui offrait ses mamelles crevassées. Un lait infâme coulait dans sa gorge.

La nuit dernière, la vieille touillait un mélange de sang, de viscères et de plantes qui bouillonnait dans un chaudron. Du feu coulait en lui. Frimousse et sa mère l'avaient rejoint. Elles aussi, elles s'étaient échappées de la tour. Elles avaient bu à même le chaudron sans se brûler avant de courir avec lui sur des chemins détrempés.

Cette nuit, ils ont plongé ensemble dans des lacs de lave en fusion et en sont ressortis intacts.

Ils ont dîné dans des châteaux à demi calcinés, servis par des créatures ailées et griffues.

Ils ont fait l'amour à trois dans des temples où les flammes aussi s'accouplaient et accouchaient de salamandres.

René a non seulement plaisir à se remémorer ces rêves, mais il en retire une force inouïe qui le pousse à se les remémorer encore et encore.

CHAPITRE 8

– Parle-moi du prochain long métrage de Pasolini, dit René en prenant la main de Frimousse pour la couvrir de petits baisers sonores.

– *Standard Criminal Petroleum* ?

– Oui. J'ai pas tout compris.

– Un très, très long métrage. Rien à voir avec *Salo*... Une fiction qui traversera plusieurs époques. J'interviendrai dans la dernière, en l'occurrence la nôtre. Je tiendrai le rôle d'une journaliste. Mais il ne faut pas que ça se sache, c'est top secret. Pasolini a beaucoup d'ennemis. Son cinéma est trop dérangeant. *Salo* n'est pas encore sur les écrans qu'il fait déjà scandale ! Pasolini veut faire semblant de raser les murs avant de récidiver, quitte à démentir s'il y a des fuites avant le tournage.

René hoche la tête.

– *Standard* sera un film noir ?

– Noir pétrole, ça oui ! Avec de grosses traînées sanglantes... Des assassinats inexpliqués. Les cadavres s'accumulent dès les premières séquences, au moment de la ruée vers l'or en Californie. Moi j'interviens en Italie au milieu du XXe siècle, je suis étudiante, puis jeune journaliste à *L'Unità*, j'essaye de comprendre pourquoi l'un de mes amis du *Time* est mort dans un accident d'avion.

– Pas mal.

– C'est aussi mon avis.

– Le scénario est écrit ?

– Non... Il est en cours d'écriture.

– Le tournage est prévu pour quand ?

– Pas avant deux ans. Pasolini veut coproduire ce film avec Lisa Lungara, une Américaine dont la mère a été « suicidée » à Las Vegas ou à Los Angeles, je sais plus trop. Elle est pétée de thune, en tout cas, et communiste pour faire chier son milliardaire de père qui finance le parti républicain.

– Deux ans... Tu as le temps de voir venir, dit René en allumant une Gitane.

– Détrompe-toi, sourit Frimousse, deux ans c'est vite passé. D'autant que Pasolini veut m'associer à la recherche de la documentation qui lui manque pour entamer la dernière partie du scénar...

– Ah bon ?

– Oui... Et toi aussi il veut t'embaucher pour le job. Il a besoin de doc pour sa séquence sur les flics français qui marchaient pour la CIA en 1947 et faisaient des allers-retours Lille-Rome-Marseille à la demande d'un commissaire de la DST, un certain commissaire Blémant... Et il veut que tu assures la sécurité de notre tournée en France et en Belgique l'année prochaine.

CHAPITRE 9

Rome, 14 septembre 1975

L'inspecteur divisionnaire Tréand s'est mis au cigare. Il allume un Oyos de Monterey avec des airs de grand seigneur qui arrachent un sourire à René.

– Pasolini veut t'embaucher dans sa petite équipe de touilleurs de merde ?...

– Affirmatif.

– Il sait que t'es flic, gamin ?

– Oui.

– Un flic français ça bosse en France... Léger détail sur lequel ta Frimousse aurait dû insister !

René pioche dans la réserve à Oyos de son mentor.

– Justement. Elle a insisté... Et c'est ce qui a séduit Pasolini.

– Comprends pas.

René se sert du Dupont en or de Tréand pour allumer son cigare. Il est 11 heures du matin. De l'autre côté du mur, l'ancien ami d'enfance du Général de Gaulle est encore au lit. Il a baisé toute la nuit. Il ronfle en poussant de petits grognements de vieux fauve repu.

– Pasolini veut me faire bosser dans notre cher Hexagone, figure-toi !... Il a besoin de doc sur les flics cocos. Il croit que je suis communiste à cause de mon père... Les flics cocos l'intéressent.

– Va falloir avertir Paris.

– Je te laisse ce soin.

CHAPITRE 10

Rome, 16 septembre

Paris est OK pour que l'inspecteur Dourda accepte la proposition de Pier Paolo Pasolini.

Dourda est chargé d'oublier l'avocat d'affaires, ancien visiteur du soir du Général de Gaulle qui n'aime pas Poniatowski, Giscard et les Républicains indépendants, pour mieux infiltrer l'entourage du réalisateur de *Salo* et voir si ce dernier mijote des trucs avec ses amis parisiens, marseillais et ch'tis.

Ça tombe bien.

La troupe de Manca fait relâche. René accompagne Frimousse faire du lèche-vitrine tout l'après-midi et le soir il la suit dans le discret appartement du quartier San Lorenzo que Pasolini a loué sous un faux nom pour abriter les réunions de son groupe de travail et stocker ses archives.

— C'est une très bonne chose que ton père soit communiste, chuchote Frimousse dans l'escalier. Et qu'il soit né à Noyelles-Godault, la ville natale de Thorez.

— Comment tu sais ça ?

— À Paris, j'ai couché avec un sous-directeur des RG, trésor. Il m'a rencardé sur toi un peu, beaucoup, passionnément, à la folie... Pasolini croit que tu as infiltré la police française sur ordre du Parti. Couverture en béton grâce à bibi. Pas beau ça ?

– Tu es la meilleure !

L'immeuble est vieillot, mais correctement entretenu. L'appartement est au troisième étage, sans ascenseur. Ça sent le chou et la pisse de chat. Pasolini est calfeutré dans la cuisine, occupé à préparer un énorme plat de spaghettis au brocoli sous l'œil attentif d'une jolie brune originaire de Lille, Sylvie Fadurian, qui rêve d'être romancière et agace Frimousse. René a le temps de compter neuf chats avant que Pasolini vienne prendre l'apéro avec ses invités.

Le groupe de travail compte une demi-douzaine de membres à l'implication inégale. Dont un certain Walter Welter, journaliste américain.

– C'est un groupe autogéré, précise Pasolini en retournant à la cuisine. Il pré-mâche les aliments dont j'ai besoin pour mon film et mon roman...

Sylvie Fadurian prend une mine de conspiratrice pour demander à Frimousse de l'aider à mettre le couvert dans la salle à manger où des piles de livres montent jusqu'au plafond. Les spaghettis au brocoli valent largement ceux de la mère de René. Le Sangiovese choisi pour les faire glisser est un délice.

– Ainsi c'est le Parti qui t'a demandé de faire ce boulot de con ? grogne Pasolini.

– Oui, dit René.

– Chez nous, juste après la guerre, il a eu la même préoccupation. Mais ça a foiré... Les flics de Salo ont vite pris le dessus !

Très vite, la conversation glisse sur la commission du Sénat qui enquête outre-Atlantique sur les crimes de la CIA. Les sénateurs américains semblent ne pas vouloir lâcher le morceau. Mais il ne faut pas être naïfs, trop d'intérêts sont en jeu pour que cette commission dirigée par un démocrate de l'Idaho puisse s'aventurer au-delà du raisonnable.

— Ça va se terminer en eau de boudin, pronostique Sylvie Fadurian.

— Sans doute, dit Pasolini, mais tout ce qui contribue à écorner l'image de CIA me met de bonne humeur. La Centrale américaine a multiplié les coups tordus depuis sa création et entraîné l'Italie au fond du gouffre ! C'est elle qui a téléguidé l'ingérence américaine dans la péninsule... Je veux montrer ça dans mon film.

CHAPITRE 11

Prison de Loos-lez-Lille, 17 septembre 1975

L'ex-enquêteur de police Francis Rolou a beau fermer les yeux, allongé sur la paillasse réglementaire que lui a fournie l'administration pénitentiaire dans son infinie bonté, il ne peut s'empêcher de percevoir les bruits et les odeurs de l'opération en cours.

Son codétenu défèque.

Avec application.

En émettant de petits grognements de plaisir.

Rolou se tourne, nez contre le mur.

Deux ans ferme, cinq ans de privation de ses droits civiques. Le président du TGI n'y est pas allé avec le dos de la cuiller. Proxénétisme aggravé. Tu parles !

Il s'est fait piéger en beauté.

Par Myriam et son coupé Mercedes, ses liasses de billets, ses gourmettes, ses Rolex.

Myriam la femme d'affaires dont il était tombé fou amoureux n'était qu'une call-girl !...

L'avait-elle séduit de manière fortuite ou en service commandé ?

Il penche maintenant pour la seconde hypothèse. Elle avait un amant occasionnel en la personne d'un inspecteur des RG, d'après ce que lui a dit son avocat.

L'inspecteur Dourda. Il y a de grandes chances pour que ça soit cet inspecteur RG qui l'ait manipulée, qui l'ait poussée à dire au juge d'instruction qu'elle partageait avec l'enquêteur Rolou ses gains de prostituée de haut vol.

Dourda appartient à une brigade « noire », d'après l'avocat. Une brigade « coups tordus » nichée au sein de la BOR, la brigade opérationnelle de recherches qui travaille étroitement avec la DST et voit ses activités couvertes à l'ombre du beffroi de Lille par la raison d'État.

L'enquêteur Rolou gênait les RG. Il enquêtait sur un libraire de Wazemmes qui s'était « suicidé » de manière bizarre, assis sur la lunette de ses WC, avec un bout de fil de fer. Ce libraire nommé Labranche s'était rendu à plusieurs reprises en Algérie, cherchant à comprendre pourquoi une équipe mixte (inspecteur RG, officier para) avait enlevé en mars 1960 en plein Alger, puis torturé, son fils de 17 ans, et fait disparaître son cadavre. Il s'approchait trop près de la vérité, quatorze ans plus tard... Il avait réussi à identifier l'inspecteur RG, revenu depuis peu à Lille, qui avait torturé son fils. Scié, Labranche !

Et grillé, Rolou.

L'inspecteur Dourda avait sauvé l'honneur RG en réussissant une « manip » parfaite, expédiant le collègue gêneur en taule pour deux ans.

Révoqué, Rolou.

Aujourd'hui, l'ex-flic de Wazemmes n'a plus que ses yeux pour pleurer en n'osant imaginer le chagrin de sa mère qui refuse de venir le visiter au parloir et ne répond pas à ses lettres.

– J'ai fini, mon pote, glapit son codétenu. La place est chaude.

Rolou ne bouge pas. Il est enfermé dans son monde. Pour échapper aux portes et aux grilles de la prison, il a choisi un autre enfermement. La claustration initiatique. Il s'est choisi une clairière, il a embrassé la terre avant de la doter d'une triple enceinte. Cercle d'ormes, cercle d'eau sous forme d'un ruisseau dont il a taillé le lit à même la craie avant de faire jaillir la première source. Puis il a installé le cercle de chênes plusieurs fois centenaires.

Et l'abbaye au centre de la clairière. Il l'a édifiée moellon par moellon, pilier par pilier.

Rolou, avant sa condamnation, appartenait à une loge rosicrucienne... La loge Astarté, dépendant de l'Ordre Universel de la Rose-Croix Ésotérique, installée dans le Vieux-Lille. Mais c'était bidon. Les types qui dirigeaient ça étaient des hommes d'affaires qui se faisaient un pognon monstre au nom de la Rose-Croix. C'est son collègue Davidian, enquêteur comme lui au commissariat de Wazemmes, dans le sixième arrondissement de Lille, qui lui avait ouvert les yeux. Mais la Rose-Croix authentique existe. Elle existait déjà du temps de Descartes qui l'avait à la bonne. Et les Rose-Croix authentiques ne laissent jamais tomber les « cherchants » sincères. Non seulement ils leur ouvrent les yeux, mais ils les mettent sur la vraie voie... Ils leur adressent des signes, ils provoquent des rencontres. Davidian avait rencontré un prof qui écrivait des bouquins ésotériques, Jean-Marie Arpent. Arpent avait enseigné à Davidian et Rolou la technique de « l'ermitage mental », au centre d'une triple enceinte d'arbres et d'eau. Puis il les avait fait entrer dans un groupe rosicrucien authentique, le cénacle de Bourges, « voulu » par un R+C appelé Fulcanelli avec qui Arpent était un contact.

C'est grâce au cénacle de Bourges que Rolou sait ce qu'il sait.

Le monde court à sa fin. Il est comme un avion en haute altitude à court de kérosène, aux moteurs sur le point d'exploser, à l'altimètre faussé, au commandant de bord victime d'un AVC, s'apprêtant à franchir une zone montagneuse en plein orage pendant que les passagers boivent du champagne et plaisantent avec les hôtesses et les stewards...

Le monde est devenu dingue.
Complètement dingue.

CHAPITRE 12

Rome, 19 septembre 1975

Tréand a l'habitude de coucher sur un cahier d'écolier les éléments d'enquête qu'il juge intéressants. Il a une écriture ample qui fait la part belle aux pleins et aux déliés. Il aligne les phrases en tirant la langue, la tête légèrement penchée sur le côté.

James Jesus Angleton. Né dans l'Idaho en 1917. Passe ses vacances en Italie depuis l'âge de seize ans. Père président de la Chambre de commerce américaine de Rome. Recruté par l'OSS en 1943. Envoyé à Londres, fait ses débuts dans le contre-espionnage. Après le débarquement allié, est affecté à Rome. **Chef du contre-espionnage américain pour l'Italie. Collabore activement avec les anticommunistes du Vatican.** *Injecte une dose importante de dollars dans le circuit financier de la campagne référendaire de la droite pro-monarchiste italienne.*

1947. Angleton **entre à la CIA**. *Sur son intervention, la péninsule bénéficie des largesses de Washington (annulation d'un milliard de dette).*

1948. Fidèle allié du leader démocrate-chrétien Alcide De Gaspari (lieutenant du Vatican dans la gestion du repentir nazi), Angleton quitte l'Italie, mais il considérera toujours ce putain de pays comme **sa chasse gardée**.

Tréand relit ses notes à haute voix.

– Si j'ai bien compris, la dernière partie du film de Pasolini va s'attarder sur l'ascension de James Jesus Angleton au sein de la CIA et son implication musclée dans la déstabilisation du parti communiste italien ?...

René hoche la tête.

– Ouais.

– Déstabilisation qui sous-entend la création et le financement de réseaux néo-fascistes, à commencer par le *Centro* qui a fait son apparition à Rome en 1961 ?...

– Affirmatif.

– Et le pétrole là-dedans ? grimace Tréand.

– Quoi le pétrole ?

– C'est quand même l'objet du film, non ? *Standard Criminal Petroleum...*

– C'est les premières séquences de la dernière partie du film que je viens d'évoquer, Marcel... Pas le scénario complet qui commence en 1848, au moment de la ruée vers l'or en Californie, enchaîne avec l'arrivée de la voie ferrée du Pacifique Sud et la découverte à Los Angeles du premier puits de pétrole près de l'emplacement du Dodger Stadium ! D'ailleurs il est loin d'être écrit, ce scénario, je te signale... Pasolini a jeté à la poubelle tout ce qu'il a couché sur le papier en février, mars et avril derniers... Je me demande s'il veut vraiment le faire, ce putain de film.

*

René Dourda part rejoindre Frimousse qui a programmé une petite visite de la villa Hadrien.

Marcel Tréand n'est pas mécontent de cette escapade. Il a rendez-vous, lui, au palais Barberini, avec un collègue de l'ambassade comme celui qui l'a aidé à sonoriser l'appartement de Rumeur. Un ancien de la DCRG appelé à lui servir de « traitant » jusqu'à la fin de son séjour à Rome, l'inspecteur divisionnaire Legeai. Un petit gros coiffé en brosse qui tient à la main un exemplaire de *La Gazetta dello Sport*.

– Alors ? s'enquiert Legeai après avoir donné l'accolade à Tréand comme s'ils étaient de vieux amis.

– Le poisson a mordu à l'hameçon.

– Bien, très bien.

– Son film risque d'être une attaque en règle contre James Jesus Angleton...

– Merde !... Angleton n'a pas besoin de ça en ce moment.

CHAPITRE 13

L'inspecteur RG René Dourda enchaîne les réunions à San Lorenzo. Au bout de deux semaines, il commence à y voir un peu plus clair.

Pier Paolo Pasolini dans son roman *Pétrole* comme dans son film *Standard Criminal Petroleum* a surtout l'intention de revenir sur l'accident d'avion controversé qui a coûté la vie au magnat du pétrole italien Enrico Mattei, encore appelé le Commendatore. Son confrère Francesco Rosi s'est penché sur la question il y a trois ans dans son film *Al Caso Mattei* sans avoir les éléments dont dispose aujourd'hui Pasolini. Francesco Rosi avait chargé le journaliste Mauro De Mauro, du quotidien *l'Ora*, d'enquêter sur les dernières heures de Mattei passées en Sicile avant le crash de son bimoteur. La disparition du journaliste de *l'Ora*, imputée à Cosa Nostra, allait plomber le moral de Rosi, l'obliger à sortir un film incomplet. Mais elle avait ajouté un acte au drame Mattei.

Pas trente-six solutions pour Dourda, il faut reprendre cette affaire à zéro.

Il faut essayer de savoir ce qu'avait bien pu découvrir sur l'accident d'avion de Mattei le journaliste Mauro De Mauro juste avant sa disparition.

Ça a toutes les chances d'être du lourd. Le genre collier de fonte qui t'empêche d'ouvrir ton parachute ou de jouer au scaphandrier.

Ceci dit, sur un plan plus personnel, René ne se sent pas très bien. Il fait des rêves, ces derniers temps, où le feu est absent.

Il erre dans des fonds marins.

Des choses gluantes glissent sur son corps.

Mi-pieuvres, mi-calamars...

Ces choses-là laissent leur odeur sur lui quand il se réveille. Une odeur de pourriture. Il est obligé de courir sous la douche.

*

Tréand n'en finit pas de tirer la langue et de tirer à la ligne sur son cahier.

Enrico Mattei. Né en 1906. Mort en octobre 1962. Grand résistant. Ami d'Augusto De Gasperi, frère d'Alcide, futur président du Conseil et homme lige de James Jesus Angleton...

1945. Enrico Mattei est nommé commissaire extraordinaire de l'Agip (Agence générale italienne des pétroles).

1949. Le président du Conseil De Gasperi, grand ami d'Angleton, accepte l'idée de Mattei, ami de son frère Augusto, de mettre sur pied un secteur nationalisé de l'énergie.

1953. L'État italien fonde l'ENI (Ente Nazionale Idrocarburi, Office national italien des hydrocarbures). Placé à sa tête, Enrico Mattei en fait un État dans l'État. Il n'hésite pas à négocier directement avec les pays producteurs.

1957. L'accord avec l'Iran signé par Mattei concède 75 % des revenus du pétrole au gouvernement iranien.

Conclusion de Tréand, responsable de la brigade « coups tordus » des RG de Lille, en mission « noire » hors frontières, son cahier à peine refermé : l'Italien Enrico Mattei met en danger, à la fin des années cinquante et au début des années soixante, les intérêts des sociétés pétrolières américaines. Le Commendatore se conduit comme un dangereux gauchiste aux yeux de James Jesus Angleton et de ses amis pétroliers. Aussi est-il impératif de le mettre hors circuit. De la manière la plus naturelle, c'est-à-dire accidentelle, qui soit.

CHAPITRE 14

L'inspecteur divisionnaire Tréand rencontre son « traitant » le 2 octobre 1975 dans un bistrot proche du siège de la RAI. Le bistrot est bondé, bruyant. Ce qui met les deux flics français à l'abri des oreilles indiscrètes.

– Le film de Rosi sur l'accident d'avion du Commendatore a fait du bruit en Italie ? demande Tréand à Legeai en sirotant son cappucino.

– Chez les enculés de gauche, oui. Mais les Américains ne sont pas nés de la dernière pluie... Ils ont fait ce qu'il fallait pour étouffer la chose. Peu de salles ont accueilli le film. Même chose en France. Et ils ont racheté toutes les copies pour les foutre dans un coffre dont elles ne ressortiront pas de sitôt !

– Bien joué.

– Oui, dit Legeai.

– Treize ans après l'explosion de l'avion de Mattei, le dossier est toujours considéré comme sensible... Et il risque de l'être de plus en plus ! Si, comme je le pense, il y a eu du tirage entre Enrico Mattei, tout puissant patron des hydrocarbures italiens, et James Jesus Angleton, italien d'adoption, passionné par tout ce qui se passe en Italie, grand patron du contre-espionnage américain et homme lige des pétroliers texans, certains à Rome ont l'air de considérer que c'est non seulement le moment de remettre la chose sur le tapis, mais de la faire mousser un maximum !

– Ça semble vouloir dire ça, oui...

Legeai fait sigsne au serveur de renouveler les consommations.

– Angleton est dans de sales draps. Il a été viré de la CIA et son audition par la commission du Sénat s'est très mal passée ! Il a du souci à se faire. D'autant que Sam Giacana, le parrain de Chicago, qui avait rendu pas mal de services à Angleton et trempé dans plusieurs tentatives d'élimination de Fidel Castro, a été flingué le 19 juin dernier, la veille de déposer devant la commission du Sénat... Opération bouche cousue ! C'est ce que signifiaient les six balles que les assassins de Giancana lui ont tirées autour de la bouche.

– Ouais... Certains mauvais coucheurs semblent trouver insuffisantes les tracasseries qu'a subies Angleton depuis son renvoi de la CIA. Ils veulent jouer avec ses nerfs, ils veulent en remettre une louche. Le problème, c'est de savoir si c'est une petite ou une grosse louche qu'ils veulent remettre. La politique est affaire de nuances, non ?

– C'est pour ça qu'on l'aime, grogne Tréand.

CHAPITRE 15

Prison de Loos-lez-Lille, 15 octobre 1975

Rolou est anéanti.
Sa mère est morte noyée.
Elle s'est jetée dans sa citerne !
Elle n'a rien laissé derrière elle, d'après son avocat.
Pas une confidence.
Pas un mot d'explication.
Rien.
Rolou n'a même pas la force de chialer.
C'est l'heure de la promenade sous le regard noir des matons.
Il marche avec les autres en traînant les pieds... Les dents serrées.
La haine au cœur.

La nuit venue, alors qu'il sanglote sur sa paillasse, incapable de trouver le sommeil, il ressent une décharge vibratoire. Au niveau du plexus solaire. Puis il lui semble que sa nuque s'ouvre en deux. Il se dresse sur un coude. La source vibratoire s'est déplacée.

Il tourne la tête vers la droite. On dirait une boule de verre en fusion. À la verticale de la petite table où il pose ses bouquins, son papier à lettre, ses stylos et son réveil-matin. Une boule qui se refroidit, s'opacifie, se colore. Des traits se dessinent, s'affinent, prennent vie.

Une tête...

Aux traits asiatiques.

Lèvres fines, yeux bridés, nez droit.

Il émane de cette tête une puissance considérable.

Ferme les yeux, lui ordonne une voix intérieure aux inflexions caverneuses. *Écoute ce que nous avons à te dire...*

Rolou ferme les yeux, s'aplatit sur sa paillasse.

... Ta mère a été prise en charge pour la traversée des plans supérieurs. Elle a rejoint ton père... Elle te demande de ne pas t'en faire pour elle... Elle ne regrette pas d'avoir quitté le plan terrestre, loin s'en faut ! Nous avons demandé à l'un des nôtres de se révéler à toi pour tu aies la preuve que nous existons et communiquons avec quiconque nous semble digne de servir notre Confraternité pour préparer le retour de Celui qui est Attendu par Ceux qui Savent... Nous te recontacterons quand le besoin s'en fera sentir... En attendant, que la Paix profonde des Rose-Croix t'aide à surmonter l'épreuve que les Forces noires t'ont infligée. Tiens bon, nous ne t'abandonnerons pas.

CHAPITRE 16

Milan, 17 octobre 1975

La République des Salauds est jouée dans un palais où James Jesus Angleton, adolescent, se rendait chaque été. Son propriétaire actuel a constitué l'essentiel de sa fortune à la fin des années soixante dans les hydrocarbures. Coïncidence, clin d'œil de la providence ?

Frimousse déchaîne les applaudissements avec sa vision toute personnelle du Petit Poucet. Elle flèche à sa manière un chemin qui permet à trois archevêques gantés et chapeautés d'échapper au piège de la baignoire.

Ahurissant, résume une comtesse.

Le lendemain midi, l'inspecteur René Dourda déjeune avec Damato Losario, un flic italien en poste à Milan depuis cinq ans. Avant Milan, Losario sévissait à Palerme. C'est Tréand qui a arrangé cette rencontre par le biais d'un ancien collègue du SRPJ de Lille rangé des machines à écrire ayant ouvert plusieurs restaurants en Lombardie après avoir épousé une Lombarde et servant d'honorable correspondant aux services extérieurs français. La DCRG a fait de leur mission une mission prioritaire. Le ministre Poniatowski se tient informé au jour le jour des résultats acheminés par la valise diplomatique.

– Allons droit au but, dit le collègue italien. J'ai connu le journaliste Mauro De Mauro... On avait des amis communs. Enfin, des amis de ma femme. Un couple de professeurs d'université. On s'est retrouvés à l'occasion de garden-partys. On échangeait quelques mots à défaut d'échanger des informations. C'était un homme chaleureux et plein d'humour.

– Seulement, il écrivait des articles jugés dérangeants par les dirigeants de Cosa Nostra, fait observer le Ch'ti.

– Ses articles déplaisaient surtout à Toto Riina, l'homme qui montait à Palerme et s'apprêtait à se faire une place de choix en flinguant à tout va ! On dit que Mauro est mort pour avoir « posé une mauvaise question à la bonne personne »...

– Toto Riina était la bonne personne ?

– Disons qu'il était une personne liée à la bonne personne !

– Et c'était quoi la mauvaise question ?... Enrico Mattei, d'après toi ?

René apprécie le Castello d'Albola. Un chianti classique qui flatte superbement le palais.

– Le Commendatore Mattei faisait en effet partie de la question, admet Losario. Mais pour un tiers seulement.

– Les deux autres tiers ?

L'inspecteur Losario pose son verre.

– L'implication d'une famille de Palerme dans une opération hors frontières.

René fronce le sourcil.

– Règlement de comptes en France ?

– Non... Aux États-Unis. Et c'est beaucoup plus compliqué qu'un règlement de comptes !

– Chicago ?... New-York ?

– Dallas, Texas.

Tréand n'en revient pas. Il n'ose ouvrir son cahier posé sur ses genoux. Il se contente de jouer avec son Montblanc.

– Kennedy ?

René allume sa Gitane.

– Oui...

– Un an avant ?

– Oui.

Tréand pense à la tête que va faire leur cher ministre Poniatowski quand la valise diplomatique lui livrera l'info du siècle : Enrico Mattei, le monsieur pétrole italien, en grimpant dans son bimoteur à réaction, le 27 octobre 1962, savait que le Président Kennedy faisait l'objet d'un « contrat » lancé par des pétroliers texans. Ce contrat venait d'être accepté par Cosa Nostra sur pression de l'aile la plus conservatrice de la CIA et du FBI.

– Bordel de merde !

– Il convient de ne pas se montrer idiots, si l'info refait surface aujourd'hui, ça ne saurait relever du hasard... Le Sénat américain enquête sur les crimes de la CIA. Sam Giancana, le parrain de Chicago, la bête noire des Kennedy, soupçonné d'avoir travaillé pour Angleton et la CIA et d'avoir manipulé Ruby, l'assassin d'Oswald, s'est fait descendre en juin dernier, juste avant d'être interrogé par la commission du Sénat... L'étau se resserre autour d'Angleton, c'est évident.

Pasolini veut rouvrir le dossier Mattei pour en faire le dossier *Mattei/JFK* dans son roman *Pétrole* et son film *Standard Criminal Petroleum*... Des flics italiens savent non seulement que Cosa Nostra a été impliquée dans l'élimination de JFK, mais ils n'hésitent pas à en faire la confidence à des flics français, en l'occurrence nos pommes... Une opération « grand nettoyage » a débuté aux États-Unis et en Italie, il faudrait être aveugles et sourds pour ne pas s'en rendre compte.

Tréand se décide à ouvrir son cahier. Il est en proie à une certaine exaltation à en juger par le léger tremblement de sa lèvre inférieure.

— D'après Pasolini, le Commendatore Mattei avait constitué une sorte de « cabinet noir » rattaché à l'état-major de l'ENI... Intéressant, ça aussi, non ? Il cherchait à copier la CIA pour mieux s'en protéger ?

— Ça, c'est ce que j'ai appris la veille de partir pour Milan, précise René. De la bouche du journaliste Walter Welter, l'un des mecs qui travaillent pour Pasolini.

CHAPITRE 17

Walter Welter a un petit côté James Dean sauf qu'il dépasse les deux mètres de deux bons centimètres et a adopté la banane et les rouflaquettes d'Elvis.

Il est intarissable sur l'affaire JFK.

Frimousse est ravie que René l'aie invité à partager leur dîner au *Da Oio*, via Galvani. C'est elle qui lui a fait découvrir l'endroit. René aime le cadre tout simple, aéré, qui lui rappelle le *Kangourou* du quartier de Wazemmes, à Lille. Avec ses quelques tables recouvertes de nappes à carreaux. Ses photos d'amis punaisées aux murs.

— Parle-nous du procureur Garrison, minaude Frimousse en sirotant son apéro. C'est un mélange de Superman et de Buffalo Bill, ce mec ! Oser mêler la CIA et le FBI à un complot contre JFK comme il l'a fait, moi je me roule par terre d'admiration après avoir arraché ma petite culotte et je lui demande de me coller un autographe où il veut !...

— J'ai fait la connaissance du procureur Garrison en 1961, sourit Walter, un an pile-poil avant l'accident d'avion de Mattei. J'étais journaliste d'investigation, j'enquêtais sur un gang de La Nouvelle-Orléans... Il m'avait reçu sans chichi et n'avait éludé aucune de mes questions. Quand il s'est mis sur le râble de Clay Shaw, je lui ai téléphoné pour lui proposer mes modestes services et il les a acceptés. Il avait besoin d'étoffer son équipe. Il venait de se rendre compte qu'il s'était attaqué à un gros, gros morceau.

– C'était qui Clay Shaw ?

– Un homme d'affaires américain lié à la CIA. Il dirigeait à la Nouvelle-Orléans une branche du *Centro Mondiale Commerciale* qui avait l'air de faire le sale boulot de l'Agence en Europe... Une espèce de sous-traitance des coups tordus.

Le *Centro Mondiale Commerciale* n'était pas connu du grand public et pour cause ! Sa vocation était d'agir dans la clandestinité, sous couverture commerciale. Seules certaines lettres confidentielles d'inspiration néo-fasciste évoquaient ses véritables buts. Le *Centro* vivotait à Montréal et à la Nouvelle-Orléans avant que la CIA l'installe à Rome en 1961. Le *Centro* avait la réputation, dans certaines sphères ministérielles italiennes et canadiennes, de mener des actions clandestines allant jusqu'à l'élimination physique. Clay Shaw figurait parmi les membres de son comité directeur. Il séjournait fréquemment à Rome et à Milan, il était cul et chemise avec un certain David Ferrie, ami de Lee Harvey Oswald (accusé en 1963, deux petites années après l'installation du *Centro* à Rome, d'avoir tué le Président Kennedy) et de Jack Ruby (assassin d'Oswald). Clay Shaw passait aussi pour avoir des amis ch'tis et des amis marseillais. Il avait appartenu à l'OSS, les services secrets américains, pendant la Seconde Guerre mondiale et s'était lié d'amitié avec un flic de la DST de Marseille, le commissaire Blémant, lié au milieu marseillais.

Walter Welter évite soigneusement de dire à ses compagnons de table que, selon son ami Luigi Flipo, Clay Shaw roulait surtout pour un cercle-astéroïde.

Un cercle-astéroïde placé au cœur d'une nébuleuse noire. En orbite autour de la planète des « vrais maîtres du monde » qui avaient une base spatiale, pardon un

« consulat régional », dans le XVIe arrondissement de Paris, mais disposaient d'antennes-relais à New York, Los Angeles, Yale, Londres, Bucarest, Vienne, Berlin, Moscou, Bruxelles, Khartoum, Riyad...

La réunion préparatoire à la création du club-astéroïde de Bilderberg avait eu lieu le 25 septembre 1952. Officiellement, quoi que très discrètement, le club de Bilderberg devait être créé par un prince hollandais, un ancien premier ministre belge, un ex-secrétaire général de l'OTAN, des dirigeants socialistes français, des banquiers, des patrons de presse, des pontes de la CIA, à l'hôtel Bilderberg, sis à Oosterbeek, aux Pays-Bas, en mai 1954.

Mais en réalité, selon Luigi Flipo, ce club était le jouet de cercles infiniment plus dangereux.

Des cercles mêlant haute politique et basse magie venue des enfers.

CHAPITRE 18

Maucourt, Nord, 27 octobre 1975

Il pleut des cordes.

Ils sont tous là. Son oncle Oscar, sa tante Léa, sa cousine Virginie. Ils cherchent à accrocher son regard. Mais il se dérobe.

Le curé n'est pas venu.

L'Église catholique refuse d'enterrer les suicidés en terre chrétienne.

Cette nuit même, Rolou a reçu un nouveau signe.

Dans cette abbaye mentale qu'il s'est construite dès ses premières nuits d'incarcération, il était au réfectoire. Il mangeait en silence avec ses frères.

Un visiteur les avait rejoints. Il portait un manteau de pluie, capuche baissée lui masquant la moitié du visage. Il s'était assis en face de Rolou.

Quand il avait relevé sa capuche, Rolou avait croisé son regard et reçu une décharge vibratoire infiniment plus forte que la précédente !

Avec une conséquence physique.

Une petite croix marquée au front... Une sorte d'hématome.

Au petit matin, l'hématome avait fini par se résorber. Mais pas les picotements qui l'accompagnaient.

*

Ces picotements, Rolou continue de les sentir en regardant le cercueil de sa mère disparaître dans la tombe.

*

De retour dans sa cellule, Rolou pense à Fulcanelli. L'Adepte œuvre plus que jamais dans la clandestinité... D'après les confidences d'Arpent et de Davidian, Fulcanelli partage son temps entre Paris, Bruxelles, Madrid, New York et Jérusalem...

Le Maître s'intéresse plus que jamais au devenir des populations du globe, il est très préoccupé par les agissements des multinationales du pétrole et de l'armement qui accentuent le pourrissement du prétendu « monde libre ».

CHAPITRE 19

Rome, 28 octobre 1975

Une voiture de police barre l'entrée de la ruelle coincée entre la piazza della Rotonda et la piazza di Montecitorio.

Walter Welter se mêle aux badauds. Son cœur s'accélère quand il aperçoit une forme recroquevillée sous une bâche au milieu de la ruelle.

– C'est un type qui s'est jeté de là-haut, explique un garçon de café en montrant du doigt la façade de l'hôtel particulier de Luigi Flipo.

Walter étouffe un juron. Son ami Luigi Flipo, ancien homme de confiance du Commendatore Mattei devenu détective privé, a été défenestré par les continuateurs du *Centro* pour être entré au service de Lisa Lungara après avoir été l'un des piliers du « cabinet noir » du Commendatore.

– En plein jour ?

– En plein jour ou en pleine nuit, ça change quoi ? ricane un gros barbu qui sent l'ail et la sueur. Un suicide reste un suicide... Il vous mène droit en enfer.

Une vieille dame se signe avant de filer comme si elle avait vu le Diable.

Walter n'attend pas qu'on emporte le corps du

« suicidé ». Il se rend au *Caffè Tazza d'Oro* et commande un espresso ainsi qu'un jeton de téléphone. Sa deuxième tentative est la bonne.

– Allô ?...

– Je voudrais parler à Luigi Flipo, s'il vous plaît.

– De la part de qui ?

– Marco, son neveu.

– Un instant.

Voix rauque, légèrement essoufflée.

– Commissaire Malva. Je vous écoute...

Walter juge préférable de raccrocher. Il retourne finir son café, règle l'addition, sort. Il traverse la piazza di Montecitorio en se retournant toutes les dix, quinze secondes. Il est glacé malgré la chaleur. Il hèle un taxi et se fait déposer juste devant la *Pensione Ottaviano*. Pourboire royal. Sourire du chauffeur.

Walter s'engouffre dans la *Pensione* en même temps qu'une fournée de jeunes touristes suédois, file vers les cuisines qu'il connaît par cœur, sort par l'arrière.

Cette fois, il en est sûr, personne ne l'a suivi.

Il marche tranquillement jusqu'à la piazza Sant'Eustachio où se tient le *Caffè* du même nom.

CHAPITRE 20

Le *Caffè* tient plus de la boutique de torréfaction que du bistrot. C'est le bureau de Lisa Lungara quand elle séjourne à Rome. Elle y corrige ses scripts en sirotant des océans de cappuccino.

Cette trentenaire flamboyante issue d'une des plus richissimes familles italo-américaines de Californie partage son temps entre Rome, Paris, New-York et Los Angeles.

Patronne de la maison de production française *Plaies, bosses et compagnie* liée à la nouvelle vague — qui s'apprête à transférer ses bureaux à Lille à cause d'un associé nordiste, banquier d'affaires, amant d'Anna Fadurian, une jeune femme partie de rien qui a su se rendre indispensable chez Pathé avant de passer au service de Lisa —, Lisa Lungara a été le grand amour de Walter Welter.

La passion a laissé place aujourd'hui à l'amitié.

L'amitié a renforcé la confiance qu'ils se portent mutuellement.

— Alors ? demande-t-elle, les traits crispés, en posant son stylo.

— Luigi Flipo a été liquidé, annonce Walter en s'asseyant à sa table.

Il relate ce qu'il vient de voir. Lisa a du mal à dissimuler le tremblement de ses mains.

Ainsi, les continuateurs du *Centro* ont fini par tuer Luigi Flipo ! Sur ordre, bien sûr, de la « nébuleuse noire » dont les cercles les plus intérieurs honorent Sekhmit, la déesse du sang des anciens Égyptiens, l'amie de Kali, et les déités du bas-Enfer,

— Qu'est-ce que tu prends ?

— Monachella.

Elle répercute la commande. Range ses feuillets dans une chemise cartonnée. Agrippe le capuchon de son stylo à la chemise.

— Défenestré, enrage-t-elle. Les salauds !... Pasolini et Manca ont raison... On vit en pleine République des salauds ! Les vrais maîtres du monde sont en train d'ouvrir un nouveau cycle involutif... Il va falloir qu'on redouble de prudence.

— Tu penses toujours que les sœurs Fadurian travaillent pour le Sphinx ?

Elle soupire en effleurant le capuchon du stylo accroché à la chemise cartonnée.

— Oui.

Elle esquisse un sourire qui ne parvient pas à adoucir la dureté de son regard.

— À ce propos, j'ai rencontré le Sphinx hier. Ici...

Il fronce le sourcil.

— Il était de passage à Rome ?

— Oui. Tu vois le type à la veste lie-de-vin, près de la porte...? Il est à mon service... Comme l'armoire à glace adossée à l'extrémité du comptoir.

— Bien joué.

— Autre mesure de précaution, depuis mon retour de Paris. Je ne circule plus qu'en Mercedes blindée...

– Difficile de te blâmer.

Elle porte sa tasse à hauteur de sa bouche.

– Veux-tu que je t'offre une protection, Walter ?

Il sourit.

– Pas pour l'instant. Je partage provisoirement le lit de la fiancée d'un policier français... Ce policier assure donc, d'une certaine manière, ma sécurité perso. Si la situation change, on en reparlera.

– Comme tu le sens.

CHAPITRE 21

Après le départ de Walter, Lisa reste concentrée.

Luigi Flipo avait appartenu au cabinet noir du Commendatore et mené des enquêtes délicates à la fin des années cinquante pour le Commendatore. Notamment en Iran et en Arabie saoudite. Il avait compris ce qui se tramait...

Lisa a fait sienne la thèse que défendait Luigi Flipo. Les vrais maîtres du monde poursuivent plus que jamais la terrible bataille engagée au milieu du siècle dernier pour le contrôle des puits de pétrole, ils utilisent toutes les armes « modernes » à leur disposition. Coups d'État fomentés par les factions militaires et les services spéciaux à la solde de l'Occident chrétien, raidissement idéologique des monarchies du Golfe, renforcement de l'intégrisme religieux.

Ils ont de grandes chances d'en sortir vainqueurs, hélas. Sur le plan terrestre comme sur les plans plus subtils qu'ont entrepris de coloniser les reines mortes des civilisations disparues, les plans de l'inframonde.

Rien de plus logique.

L'or noir est la *materia prima* des spagyristes et alchimistes du Diable. La matière corrompue par excellence, issue de la décomposition de végétaux et d'organismes marins, déposés au fond des océans, accumulés sous la surface de la Terre depuis des millions et des millions d'années. À commencer par les restes fossilisés de ce que certains cercles de magiciens noirs de Boston et de Salem partis s'installer à New York, Washington et Dallas appelaient et continuent d'appeler les Grands Témoins ou les Grands Anciens. Ils s'étaient d'ailleurs mis à les invoquer dans leurs rituels quelques années avant l'assassinat de Lincoln.

Créatures hideuses venues d'*ailleurs* à bord de vaisseaux cosmiques, traquées à travers les galaxies, ayant trouvé judicieux d'établir des bases dans les grands fonds des mers et des océans, monstruosités aquatiques dotées d'une intelligence redoutable, tels étaient les Grands Anciens, Témoins de la Puissance des Premiers Mondes, plus prosaïquement appelés Titans (**Ceux qui habitent dans les cieux**) par les Grecs.

Les corps astraux de ces créatures sont restés attachés à leurs organismes fossilisés. Et ce sont ces corps astraux que les magiciens de Salem et de Washington ont, les premiers, cherché à réveiller.

Le président Abraham Lincoln, féru de magie blanche, grand chasseur de démons incarnés, l'avait compris. Il entendait partir en croisade contre ces magiciens noirs...

Et Lincoln avait été assassiné.

En 1865.

Dix ans après la fondation de la première compagnie pétrolière américaine, la Pennsylvania Rock Oil Company.

C'est-à-dire l'année même où naissait l'industrie pétrolière de Roumanie, mère-patrie des vampires.

CHAPITRE 22

Lille, 29 octobre 1975

Milieu de la matinée.

Le loup face au Sphinx.

Toujours tiré à quatre épingles, constate le loup qui a toujours plaisir à rencontrer l'ancien patron du commissaire Blémant. La chambre du Carlton, rue de Paris, est spacieuse. Confortable. Meublée avec goût. Le loup y a posé ses valises sous l'identité d'emprunt d'un avocat d'affaires. La semaine prochaine, il sera à Berlin. Le loup a fait du chemin depuis le terril de Denain. Lui que le déterminisme social condamnait à travailler au laminoir d'Usinor comme son père, à être un métallo confronté à la gueule du four et aux coulées d'acier, il est devenu le tueur à gages préféré des services spéciaux français.

— Ils vous ont un peu oublié, dit le Sphinx.

Le loup fait la grimace. Son Sig Sauer, balle engagée dans le canon, fait une bosse sous son aisselle gauche.

— Permettez-moi d'en douter, Monsieur.

— Vous auriez tort.

— Ils ont eu la peau de Luigi Flipo.

— C'était écrit dans les astres depuis la mi-février... Vous, Vulcain vous protège.

Roger Wybot, dit le Sphinx, pratique l'astrologie avec la même compétence que la radiesthésie et la divination par les tarots !

Officiellement, Wybot est en disgrâce depuis 1958. Il a rejoint le cimetière des éléphants, la police des polices, après avoir régné sur la toute puissante Direction de la Sécurité du Territoire (DST). Mais d'aucuns le soupçonnent non sans raison d'avoir des occupations occultes, de continuer de tirer, dans l'ombre, quelques-unes des ficelles du contre-espionnage français. De disposer de relais étant aux réseaux Foccart ce que le petit commerce est aux grandes surfaces.

– Marseille vous manque, n'est-ce pas ?...

Le loup ne répond pas.

– ... Moins que Denain ou que Blémant, sans doute ?...

Le Sphinx a été le patron du commissaire Blémant. Il a couvert les turpitudes de Blémant. Regretté sa démission de la remarquable et puissante Sécurité du Territoire qu'il a créée de toutes pièces à la Libération et continue de considérer comme un peu sa chose.

– Blémant, c'est le passé, monsieur... Ce qui m'intéresse, c'est le présent !

– Je comprends, dit Wybot.

– J'ai accepté de rencontrer « Mercier » parce que vous m'aviez fait savoir que vous le souhaitiez.

– Je le souhaitais.

Le loup esquisse un hochement de tête.

– Je devais liquider Sam Giancana, dit-il.

– C'est ce que j'avais cru comprendre.

– Pour préserver, d'après Mercier, des intérêts français.

Le Sphinx fait la moue avant de confier :

– Le patron de la pègre de Chicago clamait partout qu'il avait arraché la preuve de l'implication des services spéciaux français dans l'accident d'avion ayant coûté la vie au Commendatore Mattei. De Gaulle était mis en cause. Sous prétexte que Mattei soutenait le FLN... Moi, je n'étais pas très chaud. Mais Mercier avait réussi à arracher le feu vert de l'Élysée.

– Et moi, j'ai failli me faire liquider par les hommes de Mercier alors que j'étais censé préparer la liquidation de Sam Giancana !

– Vous aviez les astres avec vous, relativise le Sphinx.

– Sous la forme de deux tueurs !

– Deux tueurs condamnés conjointement par Uranus et Vulcain...

CHAPITRE 23

– Admettons, dit le loup qui connaît l'importance que le Sphinx accorde à l'astrologie. Mais pourquoi Mercier s'en est-il pris à moi après m'avoir demandé de liquider Giancana ?

– La réponse est à chercher du côté de James Jesus Angleton. Mercier est le toutou français d'Angleton qui est cyclothymique et voit des traîtres partout !...

– Angleton n'est plus à la tête du contre-espionnage américain, monsieur, fait observer le Ch'ti.

Le Sphinx hoche la tête.

– Oui... Mais il y a conservé bien des appuis ! Et Johnny Rosselli, le patron de la pègre de Los Angeles, lui mange dans la main. Ainsi que Salvatore Lungara, le banquier de Rosselli...À ce propos, la fille de Lungara, Lisa, s'apprête à produire un film de Pasolini qui pourrait nuire aux intérêts de Rosselli. Il est possible que Rosselli mette un contrat sur la tête de cette charmante demoiselle dans le dos de son papa. Si vous avez vent de la chose, merci de m'en informer. Mais pour en revenir à Angleton, son pouvoir de nuisance reste considérable et vos... heu... vos déboires le montrent aisément ! Mercier a choisi de rester au service du système Angleton malgré la disgrâce du bonhomme... Tous croient dur comme fer à son retour au sein de l'Agence.

– J'ai travaillé plusieurs fois pour l'Agence à la demande de Blémant, monsieur, dit le loup avec gravité. J'ai toujours suivi scrupuleusement les instructions de Blémant qui en retour m'a toujours scrupuleusement couvert.

– Je sais.

– Mais maintenant c'est terminé.

– Je comprends... Mais Blémant n'était pour rien dans l'affaire Mattei. Cette affaire a été traitée directement par Colombey... On savait, on a rendu compte à Colombey et on a reçu l'ordre de laisser faire. C'est le *Centro* qui était le concepteur de l'opération dirigée contre Mattei... Et c'est un artificier de Cosa Nostra qui a installé la bombe à retardement à l'intérieur du bimoteur du Commendatore.

Le Commendatore Mattei gênait les intérêts français en Algérie. En laissant faire le *Centro*, le pouvoir français préservait ses intérêts sahariens. Tout est bien qui finit bien, dit l'adage. Hélas, rien n'est jamais tout à fait fini. D'où les gesticulations actuelles de Mercier et de ses alliés. Et la vigilance dont fait montre le Sphinx afin que le grand déballage entamé n'aille pas trop loin. Mais ça ne change rien au problème du loup. Effacer le problème Mercier en « effaçant » Mercier sans se mettre à dos le reste des services français.

Le Sphinx n'a aucune envie de couper les ponts avec le loup, l'un de ses meilleurs indics. La bataille dans laquelle le Sphinx est engagé ne s'achèvera pas demain ni après-demain. Le loup est un tueur redoutable, mais il respecte le Sphinx doté, à ses yeux, d'un statut à part. Celui d'un homme de l'ombre qui ne dirige plus la DST, mais reste indispensable à certains cercles gravitant autour de la place Beauvau et de l'Élysée...

Le loup n'a aucune préoccupation spirituelle, il ignore que la Rose-Croix existe. Dans les parages de certains cercles ésotériques et certaines loges maçonniques, la R+C s'intéresse plus que jamais au devenir du monde. Ses membres mènent des activités alchimiques et théurgiques de nature à contrebalancer les manœuvres néfastes des Forces noires, tout en respectant le libre arbitre humain et le bilan karmique des populations.

C'est ainsi. Le théâtre économique, politique, social et sociétal, même pour ses prétendues élites et leurs auxiliaires dévoués, est un théâtre d'ombres.

Rares sont ceux qui savent.

Savent vraiment.

Le Sphinx est l'un de ces « privilégiés ».

Il sait que JFK a été abattu à Dallas, Texas, par des tueurs à la solde de services spéciaux et pétroliers texans manipulés par les Forces noires, treize jours après le déclenchement de toute une série de rituels démoniaques à Salem, Yale, Boston et Dallas.

CHAPITRE 24

Rome, même jour

Presque midi. Walter Welter travaille à son scénario dans le silence de sa planque joyeusement bordélisée.

Le film de Walter Welter sera noir de chez noir et produit par *Plaies, bosses et compagnie*. Anna Fadurian a quitté Pathé pour prendre la direction de la boîte de prod parisienne de Lisa Lungara et superviser son transfert à Lille.

Le film de Walter Welter démarrera par un long plan-séquence. La salle d'attente de la gare de Los Angeles, Union Station, un dimanche d'août 1946.

Deux regards qui se croisent. Celui d'un adolescent et celui d'une jeune femme qui est la beauté incarnée. Dans le film elle sera Norma Jeane, comme elle l'était pour l'état-civil. Divorcée d'un marin. Paumée. Elle a quitté un emploi de plieuse de parachutes en salopette pour celui de mannequin. Elle court les castings entre deux séances de pose sur la plage de Malibu. Elle ne sait pas encore qu'elle s'apprête à devenir Marilyn Monroe et la maîtresse d'un président des États-Unis.

Elle ne s'intéresse pas encore aux extraterrestres, elle ne s'y intéressera qu'après avoir dépucelé Walter, tout juste âgé de 17 ans.

C'est Walter qui lui prêtera ses fanzines, ses *pulps*, ses *comics* bourrés de soucoupes volantes.

C'est Walter qui lui parlera des sorcières et sorciers de Salem... Mais surtout de Lovecraft et des Grands Anciens.

C'est Walter qui la mettra sur la voie de l'*Ailleurs*.

006 : Archives de Miskatonic (DR)

CHAPITRE 25

Rome, même nuit

Lisa Lungara a le blues, elle ne parvient pas à trouver le sommeil. Elle a liquidé une demi-bouteille de bourbon avant de s'allonger sur son grand lit à baldaquin. Elle fume une Craven A qu'elle tient de la main droite, elle suce son pouce gauche en regardant les volutes de fumée former des entrelacs qui singent sa chevelure répandue sur l'oreiller.

– Tu me manques, maman, pleurniche-t-elle en s'écoutant pleurnicher. Je voudrais tant pouvoir revenir en arrière !

Par la pensée, elle est avec sa mère. Pas très loin d'ici, au cinéma Fiamma. Elle assiste à la première de *Dolce Vita*. Sa mère n'a plus que trois ans à vivre.

– Je t'avais pris la main, maman, tu te souviens ?... Juste au moment où Marcello allumait une cigarette... Moi aussi j'avais envie de fumer !

Sur l'écran, les gestes de Marcello Mastroianni sont lents et paresseux. Son sourire est mélancolique.

Maintenant Lisa est à Los Angeles. Elle a cessé de pleurnicher, elle pleure carrément. Ses larmes ont un délicieux goût de sel qui lui rappelle les vagues de Malibu. 1962. Début août. Un vendredi. Elle est pieds nus dans la cuisine de l'immense villa parentale, protégée par de hauts murs et un double rideau d'eucalyptus, à Beverly Hills. Elle est en short et chemisier blancs, occupée à se presser des oranges.

Sa mère vient de rentrer.

– Elle ne va pas bien du tout...

Elle, Norma pour sa mère.

Elle, Marilyn Monroe pour ses millions de fans.

– Elle s'est remise à picoler ?

Sa mère secoue la tête.

– Même pas.

– Alors quoi ?

– Les Kennedy...

– Encore !

– Ils ne veulent plus la prendre au téléphone.

Lisa hausse les épaules.

– Tant mieux. Qu'elle les sorte de sa vie !

Lisa n'aime pas les frères Kennedy. Des salauds. Des profiteurs. Ils ont mis Marilyn dans une situation impossible en la forçant à participer à leur saloperie de gala, le samedi 19 mai, au Madison Square Garden.

Lisa revoit la scène en avalant son jus d'orange. Marilyn en voile de soie couleur chair. Merveilleuse comme à l'accoutumée. Divine. Marilyn chantant *Happy Birthday* pour le Président devant quinze mille personnes. Avant de se faire virer par la Fox pour avoir pris l'avion de New York alors que sa présence était jugée indispensable sur le plateau de *Something's Got to Give* !

– Pourquoi ne veulent-ils plus la prendre au téléphone après l'avoir obligée à chanter au Madison Square Garden ? feint de s'étonner Lisa en rinçant son verre.

– À cause de son foutu cahier rouge ! grimace sa mère.

Un cahier rouge dans lequel Marilyn a la fâcheuse manie de noter ses secrets qui sont avant tout les secrets des frères Kennedy.

Des secrets d'État, hélas pour elle.

Gorgés de pétrole et de sang.

Les secrets des magiciens noirs de Yale, faiseurs de banquiers, de sénateurs, de juges à la Cour suprême, les secrets des marabouts buveurs de sang et jeteurs de sorts du Soudan, tous serviteurs des Grands Anciens — ces intelligences cosmiques « magnifiées » par Lovecraft. Secrets que Robert Kennedy prétend avoir percés en découvrant de vieux dossiers poussiéreux remontant à Abraham Lincoln.

Mais il y a plus inquiétant encore : JFK a dit à Marilyn avoir vu dans une base secrète de l'US Air Force les débris d'un vaisseau spatial s'étant crashé sur le territoire du Nouveau-Mexique et les restes calcinés des Grands Anciens qui se trouvaient à bord.

CHAPITRE 26

Rome, 2 novembre 1975

Pier Paolo Pasolini fait le point devant sa petite équipe qui tient le coup en faisant grand usage de café noir et de joints afghans.

Frimousse s'est fait porter pâle. Sylvie Fadurian, jolie brune aux yeux d'émeraude, sœur d'une productrice française amie de Pasolini, embauchée par ce dernier pour coécrire les dialogues de *Standard Criminal Petroleum*, en profite pour faire du gringue à l'inspecteur Dourda.

– J'ai encore été cambriolé, confesse Pier Paolo. Et cette fois en plein sommeil ! Ces fumiers se sont introduits dans ma chambre et ont glissé sous mon oreiller une feuille de papier quadrillé sur laquelle était écrit au rouge à lèvres *dernier avertissement sale pédé, cul à nègre !...* Ils m'ont piqué la première partie de mon roman *Pétrole...*

- Ils parlaient de quoi, les trucs qu'on t'a piqués ? s'inquiète Sylvie Fadurian.

– Ils tournaient autour des paradis fiscaux et de l'art de ne pas payer d'impôts aux États-Unis quand tu veux faire fortune dans le pétrole et que tu t'appelles Haroldson Lafayette Hunt ! La fortune de ce gus dépasse les quatre milliards de dollars. Durant les années cinquante, le vieux Lafayette Hunt a arrosé McCarthy, le « chasseur de sorcières ». Lié à l'aile dure du Pentagone, il a soutenu de manière sonnante et trébuchante la candidature de MacArthur à la Maison-Blanche sans pour autant s'abstenir d'aider le candidat Eisenhower à accéder au bureau ovale ! Résultat, en 1952, c'est Eisenhower, un républicain né au Texas, qui devient Président des États-Unis. Lyndon Johnson, protégé du vieux Hunt, devient chef des démocrates au Sénat. Robert Anderson, autre protégé de Hunt, est nommé secrétaire d'État au Trésor... Le 24 janvier 1963, après de multiples hésitations, le président Kennedy présente au Congrès un projet de réforme fiscale qui redessine la carte de l'empire pétrolier américain. Kennedy est assassiné le 22 novembre 1963 à Dallas, Texas... Et aussitôt remplacé par le texan Lyndon Johnson qui annule le projet de réforme fiscale concocté par JFK.

Pier Paolo Pasolini ne mentionne pas les confidences que lui a faites son amie Lisa Lungara.

L'existence des Grands Anciens...

L'âme démoniaque du pétrole...

Ce qu'il reste des âmes errantes précipitées dans les fosses océaniques lors des Grands Cataclysmes et aujourd'hui sur le point d'être « réveillées » par les continuateurs des magiciennes et magiciens de Salem, éparpillés sur l'ensemble de la planète, sans avoir pour autant déserté certaines caves creusées et maçonnées au XVIIe siècle jusque sous la baie de Fundy.

Pier Paolo ne croit pas en Dieu même si les problèmes métaphysiques sont loin de lui être étrangers, il l'a montré à travers ses films *Théorème* et l'*Évangile selon Saint-Matthieu* ou encore son recueil de nouvelles et chroniques romaines, *Histoires de la cité de Dieu*. Mais il croit au Diable...

Il a croisé son regard, cette année.

Oui, le regard d'une petite gouape draguée en juillet au bord du Tibre était celui du Diable.

Pier Paolo en est sûr...

Et les paroles que le voyou a prononcées en s'enfonçant dans ses fesses appartenaient à une langue inconnue.

Une langue qu'on ne doit parler qu'en enfer et qui lui a laissé une sorte de brûlure au cul et à l'âme dont il craint le pire.

CHAPITRE 27

Rome, 3 novembre 1975

Lisa Lungara est dans son bain quand le téléphone sonne. Elle a le temps de reboucher son flacon de Chanel n ° 5 avant de décrocher.

– Olivier...

Le réalisateur Olivier Jenner. Surnommé « l'emmerdeur » par Jean-Pierre Melville.

– Ils sont revenus à la charge ?

– Oui.

– L'ambassadeur et qui ?

– L'attaché culturel.

– Ils t'ont proposé du fric ?

– Oui...

Petit rire.

– ... Ils m'ont dit que c'était tout de même mieux qu'un accident sur une route départementale ! Ce qui est loin d'être faux. Ton père leur met la pression, il est en affaires avec les frères Hunt, non ?

– Il l'était déjà avec papa Lafayette... Mon père est napolitain par son père et texan par sa mère, alors ne t'étonne pas de ses fréquentations. La moitié du Sénat lui mange dans la main, il déjeune une fois par mois avec le président de la Cour suprême et il partage la passion d'Angleton pour les orchidées !

– Ton père ne veut pas que tu fasses ce film qui accorde une place trop importante au *Centro* et à ses amis de Cosa Nostra.

– Je sais, Olivier... Et je l'emmerde !

Elle raccroche.

Elle ferme les yeux. Olivier Jenner lui tape sur les nerfs. Rome l'ennuie. Sa mère lui manque.

Marilyn aussi lui manque. « Suicidée » aux barbituriques par intraveineuse.

Une semaine avant sa mère, « suicidée » de la même façon.

La mère de Lisa, séparée de son mari, partageait l'intérêt de Marilyn pour les civilisations extraterrestres, les vampires, les démons et les Grands Anciens.

Marilyn et la mère de Lisa avaient eu le tort d'engager des détectives pour enquêter sur un club de Los Angeles comptant des banquiers, des hommes politiques, des acteurs, des barbouzes et des policiers dans ses rangs. Tous adeptes de la magie noire et de la magie du sang. L'un de ces détectives liés à certaines franges des services spéciaux italiens et américains se nommait Luigi Flipo, il avait été recommandé à Marilyn par un agent de la CIA avec lequel la star avait eu une courte liaison. Cet agent était resté très attaché à Marilyn qui continuait de lui accorder, quand l'occasion se présentait, quelques faveurs. Il lui avait dit de se méfier de John Edgar Hoover, le patron du FBI... Hoover n'était pas net, dans sa jeunesse il avait frayé avec un groupe qui pratiquait l'homosexualité tantrique et la magie noire.

Hélas, l'un de ces mêmes détectives engagés par Marilyn et la mère de Lisa était de mèche avec Hoover.

Deux jours avant son « suicide », Marilyn avait menacé au téléphone l'Attorney général Bobby Kennedy de révéler à la presse l'existence d'une base secrète abritant des « choses d'outre espace », notamment les débris d'un vaisseau spatial et ce qu'il restait des corps des Grands Anciens (ou de leurs descendants) récupérés au milieu des débris dudit vaisseau, après un crash au Nouveau-Mexique, selon ce que lui avait confié le président des États-Unis sur l'oreiller. La CIA avait enregistré la conversation téléphonique entre Marilyn et Bobby... Mais elle n'était pas la seule.

Le FBI de John Edgar Hoover aussi avait mis Marilyn et les amis de Marilyn sur écoute.

CHAPITRE 28

Prison de Loos-lez-Lille, 5 novembre 1975

Rolou écoute son avocat lui faire part des derniers éléments qu'il a pu recueillir du côté des RG.

L'inspecteur Dourda est à Rome.

Normalement, les fonctionnaires RG affectés à Lille n'ont pas vocation de quitter le territoire national. S'ils le font, ça ne peut être que dans le cadre d'une commission rogatoire internationale ou d'une mission totalement illégale.

– Illégale, maître ?

L'avocat hoche la tête.

– Raison d'État comme on dit.

Après le départ de l'avocat, Rolou retourne dans sa cellule. Il s'allonge sur sa paillasse et revit son initiation au sein du cénacle de Bourges.

Un cénacle fondé par le professeur Arpent, mentor de son collègue Davidian, dans la crypte de la cathédrale de Bourges.

Ils sont sept à l'entourer. Sept initiés venus de la franc-maçonnerie, du martinisme et du rosicrucianisme.

Une semaine pile-poil avant son arrestation.

Le rituel d'initiation mis en œuvre par Arpent et Davidian est fondé sur le remembrement d'Osiris, les quatorze stations suivies par la déesse Isis pour retrouver les membres épars de son époux assassiné par Seth, le dieu à tête d'âne, amant de la sanglante Sekhmit.

La vocation du cénacle de Bourges, en lien avec d'autres cénacles, est de contenir, par la magie rouge, d'inspiration séraphique, l'offensive psychique et rituélique, ici-bas, des sectateurs de la déesse égyptienne Sekhmit et des divinités égrégorielles disparues de la mémoire collective des hommes, mais toujours agissantes dans l'inframonde, à commencer par le prétendu « dieu » Dagon.

007 : Invocation de Dagon par Davis Fortès (DR)

Magicien noir des derniers temps de l'Atlantide, serviteur des Grands Anciens Témoins de la Puissance des Premiers Mondes, « redécouvert » par le romancier américain Lovecraft dans le premier tiers du XXe siècle, à la suite d'une succession d'incursions oniriques, Dagon-qui-a-eu-aussi-d'autres-noms a été réintégré dans la mémoire collective via l'œuvre littéraire du même Lovecraft et il est « nourri », depuis, dans les bas-fonds de l'astral, par les rituels de certains cénacles et les pensées et les rêves des millions de lecteurs du reclus de Providence, romancier de génie, médium mésestimé et agent inconscient des Grands Anciens.

*

Rolou aime revivre son initiation dans la crypte de la cathédrale de Bourges, il se sent alors en totale communion de pensée avec Fulcanelli.

Le Maître ne l'a pas abandonné, loin s'en faut.

Ses vibrations l'aident à tenir bon, à brûler son karma.

Parfois même, Rolou « voit » Fulcanelli. Silhouette furtive parmi la foule new-yorkaise... Pèlerin allumant une bougie dans la cathédrale madrilène de l'Almudena.

CHAPITRE 29

Lille, neuf ans plus tôt

L'inspecteur divisionnaire Marcel Tréand pousse la porte dérobée qui permet d'accéder à l'arrière de la somptueuse demeure du boulevard Louis XIV servant de boîte aux lettres au loup quand il séjourne dans la capitale des Flandres.

Le loup est un Ch'ti comme l'était Blémant.

Né à Denain, cité du fer et du charbon, près de Lourches, village minier où est né le père de Blémant dans la même rue que la mère du loup, et de Valenciennes où le père de Blémant allait devenir avocat, puis bâtonnier.

Parcours classique du béret vert pour Julien Botte, alias le loup. Engagement sous une fausse identité à Aubagne (Julien Leloup). CIPLE (Compagnie Indochinoise de Parachutistes de la Légion Étrangère). Blessure lors d'un accrochage près de Hanoï. Transfert au Val-de-Grâce. Convalescence. Affectation en Algérie. 1er REP. Chasse aux « djounouds ». Désertion. Passage à l'OAS. Missions pour Degueldre. Missions pour les gens de l'ambassade américaine à Alger.

En janvier 1963, les Américains le font passer en Italie avec l'accord de Blémant. Rome. Puis Palerme.

Le loup joue à l'instructeur... Il part seul pour Montréal en février. Vrai-faux passeport fourni par le *Centro*. Un certain David Ferrie l'embarque dans son coucou pour Miami. Il entraîne des Cubains au tir de précision. La CIA n'a pas renoncé à faire abattre Fidel Castro. Mauvais, là encore. Trop mauvais.

Le loup se retrouve à Dallas, Texas, parce que telle est la volonté de Blémant, son protecteur, son mentor.

Le 22 novembre 1963.

Le loup est l'un des passagers d'une des trois voitures qui pénètrent un peu avant midi sur le grand parking de plein air qui longe la voie de chemin de fer. Les deux premières voitures sont bourrées d'agents du FBI de Dallas et de Chicago qui agissent hors service. Pour la cause... La cause anticommuniste qui est aussi celle de l'OAS, soutenue par la CIA. Ces agents bouclent le périmètre de sécurité après un petit tour de piste. Pendant que le loup sort de « sa » voiture et est pris en compte par le Cubain de race noire qui l'attendait dans un Break.

12 h 15. Le loup sort de son étui la Mannlicher-Carcano, même modèle que celle que le blaireau Oswald doit abandonner sur place... Il siffle les premières mesures de *Tiens, voilà du boudin*... Il se sent bien.

12 h 25. Il voit la voiture présidentielle apparaître sur Dealey Plaza. Il prend tranquillement la mire. Tête de JFK. Sourire. Le loup bloque sa respiration.

Il tire trois fois. Culasse. Éjection. Culasse. Deux secondes et cinq dixièmes à chaque fois.

Au sixième étage du *Texas School Book Depository*, le type de Palerme tire deux fois. Un crack lui aussi. Deux secondes six, sept dixièmes à l'entraînement à Miami.

Au cinquième étage, l'autre Italien, venu de Rome, qui se tient avec Lee Harvey Oswald, tire une seule fois.

Oswald est le cocu de l'histoire, d'après le pilote David Ferrie, mais il sera le dernier à l'apprendre, comme tous les cocus.

JFK a été touché au crâne, au cou, à l'omoplate.

Connelly a pris une balle dans le dos qui est ressorti sous son sein pour lui pulvériser le poignet et une autre balle au fémur.

Une balle s'est perdue dans un poteau indicateur. Celle du Romain...

Retour en train programmé pour le loup. Le plan qui pue par excellence, confiera-t-il plus tard à son protégé Marcel Tréand.

Traversée du parking au pas de course. Traversée de la voie ferrée. Train à l'arrêt gardé par des mecs du FBI acquis à la cause. Gens qui descendent des wagons. D'autres qui montent. Gars de la CIA habillés en clochards pour faire diversion. Flics en uniforme, ils font semblant d'embarquer les clochards. En voiture, Simone ! Les deux Italiens, eux, rentrent par la route.

Gare au loup, il profite de la bousculade des clochards pour partir en courant comme le lui a recommandé Blémant qui se méfie de Clay Shaw.

Droit devant.

Comme à Denain quand il faisait son footing matinal et poussait une pointe jusqu'à Lourches ou Escaudain.

Le loup a quinze mètres d'avance sur ses poursuivants du FBI et de la CIA à la sortie du parking. Puis trente, puis cinquante.

Il emmerde Clay Shaw et ses trois petits cochons

qui voudraient bien le voir quitter Dallas dans un cercueil, il est le loup.

Ça court dans tous les sens.

Il se mêle à la foule.

Il ne court plus. Il marche en rentrant les épaules et en contrôlant son souffle. Il est en sécurité.

Il repère une vieille Ford à l'arrêt. Il la vole. Il met son clignotant pour déboîter devant une voiture de police qui pile pour le laisser passer. Les flics de Dallas ont autre chose à faire, ce 22 novembre, que de chercher des noises aux mauvais conducteurs.

CHAPITRE 30

Premier jour du printemps 1966.

La somptueuse demeure du boulevard Louis XIV où se rend volontiers l'inspecteur divisionnaire Tréand, responsable de la section « coups tordus » des RG de Lille, est vide. Sur la table de cuisine, une enveloppe scellée. Elle comporte le plan du prochain braquage.

Le loup est le patron du divisionnaire Tréand depuis la mort de l'ex-commissaire Blémant. Mais Tréand ne sait pas que le loup, depuis la mort de Blémant, est passé sous le contrôle du Sphinx.

Blémant a toujours été l'homme du Sphinx. Son informateur numéro un. Son œil au sein de la pègre. Son oreille au sein des groupes, clubs, cercles plus ou moins rattachés aux « Bilderberg », à la nébuleuse « vrais maîtres du monde »...

Le Sphinx qui contrôle le loup qui contrôle Tréand est au service de l'autre nébuleuse... Celle des Rose-Croix, celle des serviteurs du Graal.

*

Paris, mai 1968

Lisa Lungara est à Saint-Germain-des-Près. Elle y croise Bernadette Laffont qui s'apprête à aller tourner avec Garrel.

Terzieff et Robiolles seront de la partie... Un film muet. Il devrait s'appeler *Le Révélateur*. Pourquoi pas ? On révèle bien la plage sous les pavés. Et puis Bernadette a l'air si contente de fuir Paris.

Mais Lisa n'est pas là pour faire du tourisme.

Elle continue de rassembler une à une les pièces du puzzle auquel s'étaient attaquées sa mère et Marilyn avant d'être « suicidées » aux barbituriques.

Un puzzle qui ne répugne pas à prendre l'aspect du jeu de l'Oie.

Avec des pions changeants.

L'un de ces pions ne lui est pas inconnu. Elle l'a croisé à plusieurs reprises à Los Angeles. C'est un acteur talentueux venu du ghetto de Varsovie et jeune réalisateur prometteur.

Roman Polanski.

Personnalité complexe. Son film *Répulsion* a fait un tabac Outre-Manche. Son *Bal des Vampires* est appelé à un bel avenir, il joue à fond la carte de la parodie. C'est ce que voulaient les pions de la Fraternité noire qui ont commandité le film. Enfumer le grand public, le maintenir dans l'erreur. Accréditer la thèse de la non-existence des « vampires », les magiciens du sang qui ne sont pas tout à fait ce que colporte la littérature de genre, mais il faut bien amuser les masses et ne pas leur faire soupçonner l'existence des vampires vrais, des démons incarnés...

Les nouvelles ne sont pas rassurantes pour autant du côté de Polanski. Des rumeurs circulent dans certaines sphères. Polanski aurait mécontenté les commanditaires de *Rosemary's Baby*. Pendant et après le tournage du film. Il se serait montré trop curieux, il aurait cherché à savoir qui se dissimulait vraiment derrière certaines maisons de production... Il aurait un peu, beaucoup, passionnément fouillé le passé d'intermédiaires sourcilleux en matière d'orthodoxie du Diable.

Gare au choc en retour.

CHAPITRE 31

Los Angeles, 4 juin 1968

À 22 h 15, dans les cuisines de l'hôtel Ambassador règne une joyeuse animation. Le sénateur Robert Kennedy, au lieu de traverser la salle de bal pour quitter les lieux, va passer par l'office. Tout le monde attend. Les cuisiniers en toque blanche, les serveurs mexicains. Le voici...

Un coup de feu claque. Le sénateur Kennedy recule contre un congélateur, se courbe en deux et porte les mains à son visage.

Paris, 4 juin 1968

Lisa Lungara s'est mêlée aux touristes américains qui allument des cierges en la cathédrale Notre-Dame.

Comme eux, elle s'attend au pire.

Los Angeles, 6 juin 1968

3 heures du matin. Le pire s'est produit. Le sénateur Bobby Kennedy repose sur une table d'autopsie du *Good Samaritan Hospital*. Un drap couvre son corps. On lui a rasé le crâne autour de la plaie.

Le médecin légiste envoie l'un de ses assistants chercher les cheveux du défunt restés en salle d'opération et les placer dans une enveloppe.

Los Angeles, 7 juin 1968

L'examen des cheveux de Bobby Kennedy permet d'identifier des résidus de poudre, des poussières métalliques et des résidus de suie, ce qui fait bondir le légiste.

La présence de suie signifie que l'on a tiré à quelques centimètres de la tête du sénateur. Or d'après tous les témoins de l'assassinat, Shiran Shiran, l'assassin présumé, était au moins à un mètre de sa victime quand il a ouvert le feu.

Autres « détails » embarrassants : quatre balles ont été tirées sur le sénateur Kennedy, trois seulement l'ont atteint, la quatrième a traversé ses vêtements ; cinq personnes placées derrière lui ont également été atteintes par des balles appelées à être récupérées dans leurs chairs. Trois impacts de balles dans le plafond. Au total douze traces de balles vont être relevées sur les lieux de l'attentat. Or l'arme de Shiran Shiran ne contenait que huit cartouches.

Quatre traces de trop.

Version officielle, un seul tireur.

Un tireur qui tire à plus d'un mètre de sa victime et laisse des traces de suie comme quelqu'un qui tire à bout touchant.

Déclaration de Vincent Bugliosi, district attorney adjoint de Los Angeles : **un autre tireur était présent dans la pièce.** Un tireur suffisamment habile pour ne pas se faire pincer.

Mais l'autre tireur n'était pas le loup.

Le Sphinx a été complètement pris de court. La politique, le renseignement ne sont pas des sciences exactes. Et la haute magie ne peut pas tout en plein Âge Noir.

La planète Terre est devenue le territoire privilégié de Shaytan... L'ultime colonie du bas-Enfer. La dette karmique de la population terrienne est lourde, très, très lourde.

Fin du feuilleton Kennedy.

Fin des cassettes récupérées à Lille par Sauveur Piluti.

AUJOURD'HUI

CHAPITRE PREMIER

Lille, mercredi 4 septembre

Dans son étroit bureau du SRPJ, 8-10 boulevard de la Liberté, le lieutenant de police Télesphore Makélé brosse au jeune avocat franco-américain Régis Fadurian un tableau rapide de la situation avant de l'entendre sur commission rogatoire du doyen des juges d'instruction de la capitale des Flandres.

La productrice Anna Fadurian, tante du jeune avocat assis devant le lieutenant Makélé, a été abattue dans son bureau du premier étage de la place Rihour le mardi 20 août vers 20 h 30, d'après le légiste. D'une balle de calibre 9 mm. Alors que la productrice était assise à sa table de travail en U.

Le tireur se tenait à un mètre d'elle. Il était en position assise, au vu de la trajectoire de la balle. Il venait de pivoter sur son siège après avoir fait feu à deux reprises sur Serge Scocisse, directeur général de *Plaies, bosses et compagnie* adossé à la porte.

Le tueur connaissait apparemment ses victimes. Il est sorti de l'immeuble aussi facilement qu'il y était entré.

Les locaux sont insonorisés et n'abritent aucun locataire puisqu'ils sont réservés au staff technique et administratif de la maison de production et de diffusion, soit des bureaux et salles de réunion répartis sur trois étages, le quatrième étage constituant le domaine des archives.

Le tueur a récupéré les douilles avant de vider les lieux.

– Des questions, maître ?

Régis Fadurian secoue la tête.

– Non.

Régis est contraint de faire l'impasse sur le dictaphone et les cassettes que tante Anna était en train d'écouter quand le tireur lui a fait exploser la boîte crânienne.

Ces cassettes, Régis les a écoutées en fin de matinée à la terrasse d'un bar de Wazemmes. C'est Sauveur Piluti l'auteur de leur soustraction... Sauveur n'a pas voulu, en découvrant les deux cadavres, que le *Sanyo* et les cassettes soient saisis et placés sous scellés.

Le tueur les avait laissés en évidence, son double homicide perpétré. Ils ont donc quelque chose à voir avec la scène de crime à défaut du double crime lui-même...

Les flics du SRPJ en auraient fait leur miel. Mais Sauveur Piluti n'est pas du genre à accorder le moindre avantage aux flics en charge de l'affaire... Arrivé une poignée de secondes plus tôt, Sauveur aurait peut-être pu empêcher l'inéluctable ! Mais Sauveur était coincé sur l'autoroute de Dunkerque quand il avait reçu l'appel de tante Anna.

Celle-ci ne paraissait pas du tout inquiète, elle voulait juste lui « montrer quelque chose »...

S'agissait-il des cassettes ?

*

La femme alcoolisée ou sous calmants qui s'est enregistrée au dictaphone en voulait aux sœurs Fadurian. Elle a répété à trois reprises dès les premières minutes d'enregistrement de la deuxième cassette être fière d'avoir guidé le bras de l'assassin de « cette sale pute de Sylvie »... Et elle appelait son fils à la venger du comportement de cette « salope » d'Anna...

Réalité ? Vantardise ?

En tout cas, la dingue semble avoir côtoyé de très près Pasolini et le loup.

Elle fait état, à de multiples reprises, de confidences directes de leur part.

Elle affirme avoir suivi dans les rues de Rome la mère de Régis et l'inspecteur Dourda, membre de la section « coups tordus » des RG de Lille, en mission d'infiltration romaine. Sylvie Fadurian et Dourda n'étaient pas les seuls à être suivis à l'époque. Le cinéaste Pasolini l'était. Tout comme le journaliste américain Walter Welter qui connaissait si bien les dessous de l'affaire JFK, du *Centro* et de l'accident d'avion du Commendatore Mattei.

La piste est à creuser.

Si cela a encore un sens aujourd'hui...

CHAPITRE 2

Vieux-Lille, même heure

Francis Rolou accueille son ancien collègue Loup Davidian dans l'hôtel particulier qu'il occupe depuis une petite dizaine d'années.

Il a fait du chemin depuis sa sortie de prison, Francis Rolou... Hôtel particulier avec majordome et secrétaire particulière. Toujours entre deux avions, deux plateaux de tournage. Un jour ici, un jour à Paris, un jour à New York ou Los Angeles.

– Les choses s'accélèrent...

– C'était prévisible.

– Tu as interrogé les Tarots ?

– Oui.

– Alors ?

Rolou fait la grimace.

– C'est la même chose que pour Polanski...

Davidian hoche la tête. Il va falloir jouer serré.

Difficile de chasser les images qui se bousculent en lui.

Des gorges et des ventres ouverts. Du sang partout. Le sang de l'actrice Sharon Tate et de ses amis. Polanski était absent quand ça c'était passé. Il était à Londres. Il avait appelé sa femme Sharon Tate, sur le point d'accoucher, pour lui dire qu'il était retenu par la préparation de son film. Il était resté à Londres, malgré les supplications de Sharon.

Polanski avait-il obéi aux ordres de la « nébuleuse noire » en prolongeant son séjour londonien ?

Toujours est-il que les tueuses et tueurs hippies de Manson avaient exécuté le contrat venu de la Maison noire de Los Angeles, le club qui intéressait Marilyn Monroe et la mère de Lisa Lungara.

Le message était clair.

Tellement clair que *Time* et *Newsweek* ne s'y trompèrent pas. Magie noire, magie sexuelle, magie du sang, tartinèrent-ils dans leurs colonnes.

Magie du pétrole et du dieu Dagon, le dieu marin des profondeurs, renchérirent certains habitués de parties fines organisées dans les clubs les plus fermés de L.A. en l'honneur de Shaytan, alias le Diable.

Basse, très basse magie des *Angeles* déchus...

Des *Angeles* noirs.

*

L.A. Confidential...

Le chef-d'œuvre de James Ellroy pour Francis Rolou qui dévore les romans de l'Américain empilés dans sa chambre, même en période d'écriture de ses propres polars ou scénarios (il n'a jamais pu se résoudre à dire scénarii).

L.A. Confidential, Rolou l'emporte partout avec lui quand il voyage. Avec *Le Grand Nulle Part* du même Ellroy.

Los Angeles, façon Ellroy, a déteint sur le monde entier.

La fin de la gloire du monde est entamée, largement entamée depuis les débuts de la Grande Guerre.

Fulcanelli a raison, ça sent le cramé.

L.A. Confidential.
Fulcanelli Confidentiel.
Même bilan de Lille à L. A., même terminus cauchemardesque.
Même pourriture.
Mêmes démons.

N'empêche qu'il faut continuer de se battre, songe Rolou. Prier, agir, mener les rituels protecteurs. Déverser, lors de ces rituels, des flots de pensées positives en direction des points les plus « chauds » du globe, là où se déversent les bombes et missiles des multinationales de la haine, là où se multiplient les charniers de femmes, de vieillards et d'enfants, là où danse la mort...

Ces rituels peuvent être comparés à des cuillers destinées à vider des océans !

Mais Rolou et Davidian savent que Fulcanelli et ses pairs relayent et amplifient les effets desdites « cuillers » dans les sanctuaires souterrains où ils conduisent leurs propres rites opératifs... Rites opératifs mettant en jeu des « forces », des « puissances » considérables sans lesquelles — sur la planète Terre comme sur d'autres planètes — la vie aurait disparu depuis longtemps.

CHAPITRE 3

Le Sphinx — avec lequel Davidian et son mentor Arpent étaient en contact — protégeait la jeune productrice américaine Lisa Lungara. Hélas, l'ancien patron de la DST n'avait plus que deux ans à vivre... Le Sphinx disparu, Lisa Lungara allait se trouver seule, très, très seule.

L'ancien journaliste d'investigation Walter Welter reconverti dans l'écriture de scénarii fantastiques avait reçu des menaces de mort en décembre 1991, après avoir laissé filtrer ses intentions dans le petit monde branché de L.A. et pris contact avec la Paramount.

Il souhaitait rouvrir les dossiers Lincoln, Kennedy et Sharon Tate.

Il souhaitait porter à l'écran la vraie fin de Marilyn Monroe, coupable de s'être montrée trop curieuse et trop bavarde à propos de l'actualité des Grands Anciens, il souhaitait s'attarder par ricochet sur les vraies raisons de l'attentat de Dallas, les vraies motivations de l'assassinat de la vedette du *Bal des Vampires* et de *L'Œil du Malin*, mais surtout aborder, en cette occasion, l'existence des vrais maîtres du monde, des magiciens noirs venus de Salem (aujourd'hui Danvers, comté d'Essex), de Boston, de Yale, de Los Angeles coloniser l'Amérique pour mieux partir à l'assaut du reste de la planète, en favorisant les guerres du pétrole, en asservissant les populations sud-américaines qui avaient pourtant participé, des dizaines de milliers d'années plus tôt, à des échanges fructueux avec certaines « civilisations venues des étoiles », comme en témoignaient les pistes à retardement de Nazca.

« Suicide » de Marilyn Monroe et de la mère de Lisa Lungara, assassinat de JFK, assassinat de l'ancien commissaire Blémant, punition de Polanski à travers l'assassinat de sa femme et de ses amis dans sa villa du 10050 Cielo Drive, à Los Angeles, mort « accidentelle » du Commendatore, assassinat de Pasolini, assassinat de Walter Welter et de Lisa Lungara, assassinat du frère de Walter Welter, liquidation des sœurs Fadurian, liquidation de Scocisse...

Décidément, se dit l'ancien enquêteur de police Davidian, la stratégie involutive des vrais maîtres du monde s'accompagne de flots de sang ! Et c'est loin d'être terminé.

CHAPITRE 4

L'avocat franco-américain Régis Fadurian se lance à la pêche aux vérifications pendant une petite semaine sans quitter le territoire lillois.

Ses filets sont lancés dans trois directions prioritaires. Marseille — où *Plaies, bosses et compagnie* a eu une filiale, rue Paradis, jusqu'en 1990 —, Rome et Los Angeles.

Pour Marseille et Rome, Régis décide, sur proposition de Sauveur Piluti, de recourir aux services d'Ange Cabréra, un ancien capitaine de la brigade des Stups marseillaise qui a participé en son temps à la traque de l'ex-inspecteur Dourda. Reconverti dans l'intelligence économique — piratage informatique, installation de logiciels mouchards, écoutes sauvages rebaptisées « sécurité des entreprises » —, Cabréra a installé sa société au deuxième étage d'un immeuble de la place de Lenche.

Pour Los Angeles, Régis charge par téléphone son détective privé préféré, Raul Pérez, ancien lieutenant de la *Drug Enforcement Administration* (DEA), de procéder aux vérifications qui s'imposent. Raul connaît la plupart des shérifs du comté de Los Angeles et a un frère au LAPD, inspecteur à la division Vols et Homicides. Il ne s'agit bien évidemment pas de rouvrir le dossier Marilyn Monroe ni le dossier Kennedy, ni le dossier Sharon Tate, mais de remuer quelques caisses d'archives poussiéreuses. Au cas où...

*

Au bout d'une petite semaine, Régis éprouve le besoin de faire le point avec Ange Cabréra.

À Marseille où il se rend en jet privé avec Sauveur Piluti.

Sauveur Piluti s'oblige à descendre à Marseille au moins une fois par mois. Il possède une confortable maison de pêcheur aux Goudes. Sauveur a le sens de la famille, il se rendrait malade à rester trop longtemps sans embrasser ses deux sœurs. Il a besoin aussi de garder le pied marin. Aussi possède-t-il un charmant bateau de pêche qu'il adore faire se dandiner au large des îles du Frioul, sous couvert de taquiner la sardine.

La mer aujourd'hui est peu agitée.

CHAPITRE 5

Sauveur Piluti est le premier à rompre le silence après avoir coupé le moteur et laissé le bateau dériver doucement vers une zone qu'il sait poissonneuse.

– Faisons un peu de préhistoire, propose-t-il en dévissant le bouchon d'une Thermos emplie d'anisette bien fraîche. L'ex-commissaire Blémant, devenu patron du contre-espionnage marseillais à la Libération, se fait flinguer en 1965 par les hommes d'Antoine Guérini qui ne supporte plus la mainmise de cet ex-commissaire de la DST sur les cercles de jeux et le marché de l'héroïne ! Deux ans plus tard, réponse du berger à la bergère : Antoine Guérini est abattu par deux hommes à moto. Un nom circule dans les couloirs de l'Évêché, le siège de la PJ marseillaise, celui de l'inspecteur René Dourda, un Ch'ti, comme Blémant. Il était à l'arrière de la moto. C'est lui qui aurait flingué Antoine... Gaëtan Zampa, le chouchou de Blémant, prend la succession des Guérini avant d'être victime d'un « vrai-faux » suicide à la prison des Baumettes en 1984... Dourda a quitté la police en 1977 pour ouvrir une agence immobilière à Bandol. L'ancien flic des RG de Lille roule en Ferrari. Il s'apprête à épouser une starlette, Jennifer Sanchez. Il fait de fréquents séjours à Palerme où il a ouvert avec ses cousins trois restaurants... Au début de l'hiver 1980, Tréand a installé un labo flottant au large du Frioul et il fabrique en pleine mer une héroïne de qualité qui se réclame de la formule de « Momo », le roi des chimistes marseillais...

Sauveur Piluti vient de tourner la tête pour cracher dans le sens du vent.

– ... J'ai bien connu Momo avant que le crabe le bouffe, il venait parfois manger à la maison quand mon père était encore en vie. Il était du même village que ma mère... Momo a eu la gentillesse de servir d'intermédiaire entre Zampa et ta tante quand des amis parisiens de Zampa ont cherché, en 1980, à racheter *Plaies, bosses et compagnie*. Zampa s'était lancé dans la production de films pour blanchir une partie de son pognon. C'est Dourda qui l'avait poussé à investir dans ce secteur. Je tiens cela de Momo... Sache qu'au lendemain du « suicide » de Zampa, l'ex-flic Dourda voulait racheter *Plaies, bosses et compagnie* avec ses propres fonds apparemment, il voulait devenir producteur de films pour épater la galerie, mais surtout pour faire plaisir à son épouse, Jennifer Sanchez. La pauvre n'avait qu'un film à peu près correct à son palmarès, *Passez la monnaie*, mais ça l'empêchait pas d'être la starlette préférée des lecteurs d'*Ici-Paris* et de *Match*... Hélas pour Dourda, un tueur ne lui a pas laissé le temps de prendre en main la carrière de sa femme Jennifer ! Dourda s'est fait refroidir avant que Jennifer Sanchez devienne l'égale d'une Isabelle Adjani ou d'une Catherine Deneuve.

CHAPITRE 6

Après leur petite sortie en mer, Sauveur Piluti emmène le jeune avocat franco-américain faire un tour à moto. Sauveur est fier de sa Honda Goldwing 1800 flambant neuve. Ils filent jusqu'à Cassis puis jusqu'à Cavaillon avant de prendre la direction d'Aix.

Régis Fadurian n'est pas impressionné par les pointes de vitesse du Corse. À Los Angeles, l'un de ses meilleurs clients dirige le gang des Road Saints, un gang de motards habitués à séjourner à la prison de Lancaster entre deux expéditions punitives. Régis a eu l'occasion de participer à quelques-uns de leurs rodéos en plein parc du comté de Vasquez Rocks. Sauveur a une conduite infiniment plus prudente que les Saints.

Régis regarde défiler le paysage en s'efforçant de chasser l'inspecteur Dourda de ses pensées. Mais le flic ripou s'incruste. Il est à Rome en 1975.

Il remplit une mission clandestine pour le compte du ministère de l'Intérieur français. Il infiltre l'entourage du cinéaste Pier Paolo Pasolini, il intègre le groupe de travail de Pasolini dont fait partie la mère de Régis. Pasolini achève son film *Salo* qui fera scandale à sa sortie et passera pour une apologie de Sade et de ses délires merdeux alors qu'il est avant tout un portrait à charge de l'Italie fasciste et post-fasciste.

D'après les cassettes abandonnées près du cadavre de tante Anna, Pasolini projetait de faire un film à charge contre les pétroliers texans et leur implication dans l'attentat de Dallas. Un film qui devait rattacher l'accident d'avion du Commendatore Mattei, le monsieur pétrole italien de l'après-guerre, à l'attentat contre JFK, bête noire de ces mêmes pétroliers. Coproduit par la société *Plaies, bosses et compagnie* que tante Anna allait racheter à Lisa Lungara en 1978 après en avoir assumé la direction pendant à peine deux ans, ce film ne verrait jamais le jour et pour cause !...

Pasolini allait être assassiné sur la plage d'Ostie en novembre 1975. Son roman *Pétrole*, publié après sa mort, soigneusement expurgé, ne comporterait aucun passage embarrassant pour les pétroliers texans. Ses archives, ses notes, ses carnets concernant *Standard Criminal Petroleum* étaient censés n'avoir jamais existé.

Les inspecteurs RG Dourda et Tréand avaient-ils quelque chose à voir avec l'assassinat de Pasolini, massacré à coups de barre de fer puis écrabouillé par des roues de voiture, et la manipulation d'une petite gouape surnommée « la grenouille » ayant passé aux aveux avant de se rétracter et dont le défenseur était un avocat lié à Cosa Nostra et aux services spéciaux italiens ?

Le Lillois Dourda avait en tout cas quelque chose à voir avec Palerme où résidaient sa grand-mère maternelle, ses tantes, ses cousins et où avait disparu le journaliste anti-mafia Mauro De Mauro.

Dourda allait ouvrir à Palerme trois restaurants avec ses cousins en 1980 et pousser Gaëtan Zampa, le caïd « sicilien » de Marseille, à racheter à tante Anna la maison de production *Plaies, bosses et compagnie.*

CHAPITRE 7

De retour d'Aix, nos motards dînent dans un restaurant du cours Julien où Sauveur Piluti a ses habitudes. Ils en sont à leur deuxième anisette quand l'ex-flic Ange Cabréra, devenu détective privé place de Lenche, consent à les rejoindre.

– Désolé, dit-il. Un petit contretemps...

– Anisette ? propose Sauveur.

– Volontiers.

Sauveur passe commande.

– Je suis rentré de Rome en fin de matinée, bougonne l'ancien capitaine des Stups, juste pour constater qu'une canalisation de ma salle de bains venait de péter ! Je vous dis pas l'état du plafond... Mais en ce qui concerne nos investigations, je ramène du solide. La productrice Lisa Lungara a été assassinée à Rome en septembre 1997, dans un hôtel proche du Vatican. Balle dans la tête. Elle disposait ordinairement de cinq gardes du corps, mais ce jour-là, comme par hasard, ils s'étaient tous fait porter pâle... Bref, Lisa Lungara a été refroidie cinq ans après son ami et scénariste Walter Welter, assassiné à Los Angeles d'une balle dans la tête, lui aussi...

– L'air de Los Angeles, enchaîne Régis Fadurian, a été fatal aux frères Welter ! Le détective que j'ai embauché là-bas m'a fait savoir que le journaliste Sam Welter, frère cadet de Walter Welter, s'était jeté par la fenêtre de son appartement de Ventura Boulevard, près de White Oak, en septembre 2007. D'après ses confrères du *Los Angeles Times*, il achevait un bouquin sur l'assassinat de son frangin... Un bouquin qui devait s'intituler *Déterrer les grands anciens*, clin d'œil aux monstres sacrés de la politique américaine et de la mafia tout autant qu'à Lovecraft, un écrivain américain mort dans la misère en 1937, après avoir tiré de ses rêves une œuvre inégalée, aux confins de la SF, de l'horreur et du fantastique, dans laquelle il est question de divinités bizarres... Ce qui laisserait supposer que le frère cadet de Walter Welter avait découvert des trucs vraiment glauques ! Bien entendu, le manuscrit de *Déterrer les grands anciens* a disparu...

009 : Fonds Miskatonic (DR)

L'ancien flic des Stups marseillais pousse un profond soupir. On apporte son anisette.

— Madame Anna Fadurian était à Rome le mois dernier, dit Cabréra. Je l'ai su grâce à un contact chez les Carabiniers.

Régis interroge Sauveur du regard.

— Pas au courant, grogne le Corse.

— Madame Fadurian avait loué une voiture et elle a eu un accident de circulation... Deux blessés légers. Des flics sont venus sur place, alertés par des témoins. Un rapport a été établi. L'identité de madame Fadurian a été avalée par les ordinateurs de la Questure. C'est pas plus compliqué que ça.

Une ride creuse le front du Corse.

— Je connais par cœur l'emploi du temps de la patronne, dit-il. Elle me dit... (Il se reprend.) J'ai du mal à parler d'elle à l'imparfait, excusez-moi. Elle me disait toujours où elle allait quand elle s'absentait plus d'une demi-journée. En avril, elle est allée une fois à Londres et une autre fois à Sarajevo. Pour des docu-fictions. Elle m'a donc menti sur l'un des points... Mais mentir ne lui ressemble pas. C'est ça qui me pose problème. Il faut absolument qu'on découvre ce qu'elle était allée foutre à Rome.

— Je peux retourner là-bas dès que j'en aurai terminé avec la piste Denain-Valenciennes, propose Ange Cabréra.

CHAPITRE 8

Retour à Lille.

L'avocat Régis Fadurian n'est pas pressé de rejoindre Los Angeles, il lui reste beaucoup à faire place Rihour.

S'impliquer dans la gestion de ce qui est devenu *sa* maison de prod lui semble la priorité des priorités. Tante Anna y consacrait toute son énergie. Grâce à elle, *Plaies, bosses et compagnie* est une société de production et de diffusion de films qui compte dans l'Hexagone et soutient des réalisateurs considérés comme difficiles ou en marge.

Félicien Jenner, le fils de l'autre, en est l'exemple-type. Tout comme Sammy Bamounian, l'étoile montante du film noir français.

Bamounian, petite frappe marseillaise, est la coqueluche des 16-17 ans. Ils courent au cul de sa Porsche Carrera à chacune de ses sorties dans Marseille, ils font le siège des bistrots du Vieux-Port où il tape le carton en hommage à son père, Marcel, ami de Francis le Belge, tombé les armes à la main lors d'une partie de poker.

Enchaînez les fondus ! de Sammy Bamounian été l'un des rares longs métrages français à cartonner aux États-Unis.

Régis a du pain sur la planche.

Il va devoir apprendre sur le tas. Agir. Décider. Prendre des risques après les avoir mesurés au mieux. Faire fonctionner ses méninges sans refuser les montées d'adrénaline.

S'appuyer sur Sauveur et Corinne, l'assistante de tante Anna, quinze ans de présence dans la maison. Rencontrer Jenner après avoir rencontré (hier) Bamounian. Jouer loyalement le coup avec eux. Sans omettre de profiter de son carnet d'adresses à Los Angeles pour mieux investir, à moyen terme, le marché américain si cette option conserve son actualité.

Lire en attendant quelques-uns des scripts qui bourrent l'armoire en merisier placée à sa gauche et s'empilent sur ce qui ressemble à une crédence Empire.

Oui... Les emporter et les lire chez lui.

Rue d'Iéna. À Wazemmes.

Dans la petite maison qui lui vient de son grand-père maternel, Horace Fadurian, venu de sa lointaine Arménie faire le marchand de glaces à Lille et élever seul ses deux filles, son épouse étant décédée peu après leur arrivée dans la capitale des Flandres.

CHAPITRE 9

Le lundi 16 septembre, Ange Cabréra est à Valenciennes. Hôtel de police. Bureau de Francis Cérutti, un ancien copain de promo devenu commissaire. Cérutti a bénéficié d'une promotion-sanction chez les Ch'tis pour cause de fichu caractère.

– Mais je m'en tape, glisse l'intéressé en se renversant dans son fauteuil. Ma frangine vient d'épouser un conseiller technique de notre cher ministre. Je m'apprête à leur jouer « *Cérutti, le retour* » ! Mon arrêté de mutation à Toulon pour diriger les Stups est à la signature.

– Formidable !

– Je veux... Et en ce qui te concerne, c'est encore mieux ! J'ai réussi la « *saison 1* »...

– Non ?

– Si.

Cérutti prélève un Montblanc dans son pot à stylos. Il adore griffonner en parlant.

– J'ai remué une tonne d'archives pour toi, mon pote... Et je suis tombé sur la pépite d'or ! Une pépite extraite du « filon Blémant » le 20 janvier 1950...

Un vendredi. Il neige doucement sur Valenciennes. Le soir tombe. Une Tucker Torpedo rouge s'arrête dans une rue étroite et mal éclairée. Maître Moreau, notaire, rentre chez lui. Il descend pour ouvrir la porte de son garage. Le moteur de la Tucker tourne. Un jeune homme de dix-neuf ans a été vu par deux témoins sur le même trottoir, dans le renfoncement d'une porte cochère, quelques minutes avant l'arrivée du notaire Moreau.

– ... Ce jeune homme s'appelle Julien Botte, il sert de jardinier au bâtonnier Blémant, le paternel de celui qui est devenu le commissaire le plus célèbre et le plus controversé de Marseille depuis la Libération...

Un coup de feu claque. Maître Moreau s'effondre. Second coup de feu. Le tireur s'est penché sur sa victime pour lui loger une balle dans la nuque. Avant de grimper sur un vélo et de pédaler vers le centre-ville.

– ... L'arme du crime, un Colt 45, ne sera jamais retrouvée. Ni le jeune cycliste, suspect numéro un de dix-neuf ans, dont les parents résident cité Cail à Denain... Envolé, le jeune suspect numéro un que, bizarrement, les flics de Valenciennes recherchent avec un manque de zèle surprenant !... Ce Julien Botte qui s'est évanoui dans la nature juste après l'assassinat du notaire Moreau tient de son père, ancien lieutenant FTP, la passion des armes à feu. c'est le meilleur tireur de ball-trap de l'arrondissement. J'ai retrouvé sa fiche RG...

D'après cette fiche complétée deux ans après le meurtre du notaire, Julien Botte s'était engagé dans la Légion étrangère en juin 1950. Soit cinq mois après l'assassinat du notaire Moreau. Or Maître Moreau avait eu, à la fin de l'année 1949, quelques explications orageuses avec le bâtonnier Blémant au sujet d'une « captation d'héritage » qui aurait masqué un détournement de trésor de guerre lié à la collaboration.

CHAPITRE 10

– Il s'appelait comment, ton Julien Botte, pour le bureau de recrutement de la Légion ? s'enquiert Ange Cabréra.

– Julien Leloup... De nationalité belge. Né le 4 août 1931 à Tournai. Casier judiciaire vierge...

Cérutti s'étire comme un malade.

– ... Putain de loup ! Je m'étais mis sur son dos en début de carrière... Qu'est-ce que tu veux, j'étais tout jeune commissaire au SRPJ de Marseille et toi tu faisais semblant de vouloir devenir comédien !... Tu vivais avec une barmaid qui avait eu un rôle ridicule dans une série télé.

– Cette barmaid était ta sœur, rappelle Cabréra.

– Possible. N'empêche que je me suis cassé les dents. On m'a fait comprendre que le loup rendait des services à l'État... Il créchait dans une villa de nabab du Roucas blanc... Il dirigeait une trentaine de salles de cinémas qui allaient de Marseille, Toulon, Nice à Lille, Roubaix, Dunkerque, Valenciennes et des restaurants à Palerme.

– Je sais.

Cérutti hoche la tête.

– Mais tu ne sais pas tout... En juin 1960, le bâtonnier Louis Blémant a eu de gros ennuis. Il avait fait des placements hasardeux avec le fric de « pigeons » de la région qui y ont laissé tellement de plumes qu'ils se sont adressés au doyen des juges d'instruction de

Valenciennes. Le 18 juin, son cher fils, devenu « Monsieur Robert » pour le milieu marseillais et parisien, est venu le récupérer. Tu sais qui conduisait la voiture ?

Sourire de Cabréra.

– Vu le son de ta voix, j'opterai pour le loup.

– Bravo. D'après un juge d'instruction honoraire qui frise les quatre-vingt-dix piges et que j'ai rencontré pas plus tard que la semaine dernière, le loup était venu exprès d'Alger... La mère du loup avait profité de l'aubaine pour aller l'embrasser ! Direction Nice où une semaine plus tard, le bâtonnier Blémant était découvert mort asphyxié dans un appartement... La tête dans la gazinière, carrément ! Sauf que les traits de son visage ne correspondaient pas à ce que montraient ses papiers d'identité et que ses cheveux étaient blonds, une teinte qui ne lui était pas naturelle. Donc...

– On avait fait mourir quelqu'un à sa place ?

– M'est avis que ça s'est passé comme ça. Un pauvre type a joué au suicidé à l'insu de son plein gré...

Cérutti se garde bien de confier à Cabréra les véritables raisons de son affectation à Valenciennes.

Marseillais d'adoption, originaire de l'Ariège, Cérutti est un fondu d'ésotérisme qui a entassé dans sa résidence secondaire du plateau de Beille, en toute discrétion, plus de dix mille ouvrages consacrés aux Cathares, aux Templiers, aux Rose-Croix. Il occupe l'essentiel de ses loisirs à courir les salles des ventes pour agrandir sa collection d'ouvrages rares consacrés à l'alchimie. Cérutti appartient surtout à une organisation clandestine mise en place par les Rose-Croix parisiens au début du XVIIe siècle et toujours active. Cette organisation a survécu, sous plusieurs noms et plusieurs formes, à tous les régimes. Elle traque les « vampires vrais », les magiciens du sang et les démons incarnés à la « Manson » ou aux « gourous de l'OTS » sur l'ensemble du territoire national. Elle dispose de passerelles avec les renseignements intérieur et extérieur français.

Cabréra ne sait pas où il a mis les pieds.

Il est devenu à son insu l'adversaire d'un centre de Shaytan, l'un des sept centres de projection des influences sataniques à travers le monde que René Guénon appelait les « tours du Diable ».

010 : Couverture du Livre d'Eric Le Naour (Presses de la Cité)

Lesquels centres de Shaytan, lesquelles tours du Diable ne sont pas pour rien dans ce qui s'est passé à New York le 11 septembre 2001. Ces centres, ces tours ont envoyé un « signe » éloquent aux Magiciens blancs américains avec l'effondrement des Tours jumelles du World Trade Center, deux tours de Mammon érigées dans une zone qui avait accueilli, au milieu du XVIIIe siècle, un temple R+C et une douzaine de laboratoires alchimiques constituant une sorte de « réservoir psychique » dans lequel puisaient les opérateurs chargés de contrer les activités maléfiques des sorciers de Salem et de leurs alliés.

Cabréra est à mille lieues de s'imaginer cela. Mais l'organisation à laquelle appartient Cérutti le surveille de très près et assure, de ce fait, sa protection...

Tant mieux pour Cabréra.

CHAPITRE 11

Lille, même heure.

Le chouchou des *Cahiers du cinéma*, le futur-plus-grand-cinéaste-français-de-tous-les-temps-selon-sa-maman, Félicien Jenner, tire tranquillement sur son pétard afghan. Du raide. Du huileux.

Félicien Jenner adore fumer dans son bain. Le seul endroit où il parvient à décompresser un peu.

Il a eu Sauveur Piluti au téléphone tout à l'heure. Les nouvelles ne sont pas bonnes, mais il fallait s'y attendre. L'enquête piétine. Les flics n'ont aucune piste sérieuse. Le neveu avocat venu de Los Angeles respirer le brouillard de Lille n'a qu'une envie même s'il s'efforce de cacher son jeu : retourner aux States au plus vite. Lui aussi ne sert à rien.

Anna Fadurian et Scocisse sont morts.

Olivier Jenner, son père, est mort.

Tous ses protecteurs sont morts.

Félicien est dos au mur désormais. Oui... Dos au mur.

– C'est toi, chérie ?

Non ce n'est pas elle.

Félicien vient juste de tourner la tête vers la porte. Il perçoit le sifflement au moment pile-poil où la matraque télescopique s'abat sur son occiput. Il se dit que c'est con de se noyer et il bascule dans un grand trou noir plein de bulles.

Quand il refait surface, il n'est plus dans son bain.

Il est nu.

Affalé au pied de son sofa.

Muriel par contre est habillée.

Elle sanglote dans le fauteuil placé en face de lui. Un homme coiffé d'un casque de motard et vêtu d'une combinaison de cuir noir se tient derrière elle. Il lui a collé le canon d'un pistolet sur la tempe.

– Je suis venu célébrer vos noces, dit-il.

Lui !

Rien d'étonnant, tout compte fait. Il a scellé le pacte, lui aussi. Il a suivi la voie familiale. La déesse Sekhmit veillait sur son berceau.

Félicien, ces derniers mois, ne supportait plus les rituels, il a renié Shaytan. Il a prononcé à la dernière pleine lune les paroles du reniement qu'il tenait d'un vieux prêtre exorciste...

Shaytan est venu se venger.

Félicien revit en accéléré tous les rituels maudits auxquels il a participé.

Il n'aurait jamais dû écouter « Frimousse ».

Il n'aurait jamais dû invoquer Shaytan, Seth, les sorcières de Salem et les démons du Soudan.

CHAPITRE 12

L'avocat Régis Fadurian fait le point avec l'ex-policier Cabréra et Sauveur Piluti le soir même. Dans la petite maison lilloise de la rue d'Iéna où s'est éteint son grand-père Horace, le vieux marchand de glaces arménien.

— Le père de Blémant avait trop tiré sur la corde, souligne Cabréra en fin d'exposé, il ne pouvait qu'avoir des problèmes avec le barreau de Valenciennes. Petites ou grosses combines avec des ex-collabos, comptabilité pas très claire, voilà ce qu'on chuchotait à l'époque dans les couloirs du tribunal de la cité de Carpeaux. Le sommet de l'iceberg... Puis vient la première grosse tuile avec le notaire Moreau. Le loup s'en mêle. Il refroidit Moreau et devient l'obligé des Blémant père et fils dès 1950. Il s'engage à Aubagne dans la Légion étrangère grâce au commissaire Blémant et reste en contact avec ce dernier tout le temps qu'il sert sous le képi blanc. Indo, Algérie... Le loup infiltre l'OAS à la demande du commissaire Blémant qui ne se contente pas de frayer avec le milieu marseillais, mais est aussi l'homme de la CIA à Marseille.

Piluti est occupé à se confectionner une roulée. Il tire la langue tout en hochant la tête. Son père avait fait le coup de poing contre les dockers communistes à la demande du commissaire Blémant quand les Américains ne parvenaient pas à faire décharger leurs bateaux par les dockers.

— D'après les cassettes que tu as récupérées, Sauveur, quand les ultras de la CIA et les Siciliens décident de liquider JFK, Blémant fournit l'un des tireurs. Le loup, originaire de Denain.

Sauveur Piluti use quatre allumettes avant de parvenir à allumer sa roulée.

— Et le loup remplace d'une certaine façon Blémant quand celui se fait descendre en 1965 par les hommes d'Antoine Guérini, rappelle Carréra. Le loup parachève la chute du clan Guérini. Il programme des braquages auxquels participent l'inspecteur divisionnaire Marcel Tréand et l'inspecteur René Dourda des RG de Lille. Il effectue des petits voyages en Afrique pour rendre service à l'État français. Il favorise l'ascension de certains minots comme Gaëtan Zampa. Il pèse sur les importations de morphine-base... Il devient aussi l'agent d'une poignée de starlettes et se rend acquéreur d'une trentaine de salles de cinéma. Monter régulièrement les marches du Festival de Cannes ne l'empêche pas de jouer les juges de paix du milieu marseillais avec l'aval des Siciliens et revenir chaque fois qu'il le peut à Denain embrasser sa vieille maman pour laquelle il a fait construire une somptueuse demeure le long du canal, sa vieille maman aujourd'hui enterrée au cimetière de Denain, pas très loin de la tombe en forme de guitare électrique de l'ancien député-maire Patrick Roy...

Régis Fadurian réfléchit à voix haute.

Le loup fait le grand écart dans les années soixante-dix avec une section « coups tordus » des RG de Lille, les « Siciliens » et les amis américains de Zampa qui ont aussi des intérêts dans des bars et hôtels de passe lillois. Ils sont animés par l'anticommunisme. Ils fréquentent les mêmes bars, les mêmes stands de tir, les mêmes meetings. On les utilise au nom de la raison d'État.

— À partir de 1990, ça sent le roussi pour eux, grimace Régis Fadurian. L'anticommunisme meurt avec le communisme... On passe à autre chose, forcément.

— À Marseille, ça sentait le pâté depuis 1981, précise Sauveur Piluti. Depuis la tuerie d'Auriol et la dissolution du SAC... Les flics marseillais qui sabraient le champagne avec les truands marseillais au lendemain de l'assassinat du juge Michel dans certains bureaux du conseil général allaient devoir se faire plus discrets, évolution des mentalités oblige ! Mais à Lille aussi, le SAC faisait le ménage... Le Bourreau de Béthune, l'ancien catcheur du temps de l'Ange blanc et de René Ben Chemoul, se prenait plusieurs balles dans le buffet avant de passer au service du père Le Pen ! Dans la poche du type qui s'était permis de faire un carton sur le Bourreau de Béthune, on a retrouvé le numéro de téléphone personnel d'un flic du commissariat de Wazemmes...

L'ex-capitaine de police Cabréra fait la grimace.

— Sauf que Dourda n'était plus flic en 1981... Il épatait les jolies nanas de Bandol au volant de sa Ferrari et aidait son ancien chef de groupe Marcel Tréand à écouler de l'héroïne dans l'ensemble du département des Bouches-du-Rhône, une partie de l'Isère et tout l'arrière-pays niçois !

— Sans parler des machines à sous.

Régis Fadurian pense à voix haute en ouvrant son paquet de Gitanes.

– L'ex-inspecteur Dourda a voulu racheter *Plaies, bosses et compagnie* à ma tante Anna en 1984, juste après le « suicide » de Gaëtan Zampa dans sa cellule des Baumettes. Quatre ans après avoir poussé le même Zampa à s'en rendre acquéreur. Un an avant de se prendre une balle dans la tempe... Dourda avait de la suite dans les idées !

CHAPITRE 13

Régis n'ose pas faire le rapprochement avec l'assassinat de sa mère, la romancière et scénariste Sylvie Fadurian, dans leur maison du Vieux-Lille, rue de Gand, le jeudi 13 Juin 1985. Un jeudi de soleil, de larmes et de sang. Pourtant ce rapprochement s'impose, d'après les cassettes récupérées par Sauveur Piluti. Sa mère, à Rome, avait fait du gringue à l'inspecteur Dourda. Mais il garde ça pour lui.

– Donc ? interroge Sauveur.

Régis allume sa Gitane après avoir fait la distribution et refermé son paquet.

– Qui était derrière ma tante ?

Sauveur Piluti ouvre des yeux de mérou.

– Comprends pas, finit-il par grogner.

Régis Fadurian sourit en tirant sur sa Gitane.

– Ma tante s'était fait les dents chez Pathé, d'accord, avant de « booster » *Plaies, bosses et compagnie* durant presque deux ans, à la grande satisfaction de Lisa Lungara. Elle avait gagné pas mal de fric. Mais sûrement pas assez pour racheter en 1978 une société de prod lorgnée par les Américains... Si ma question est simple — qui étaient ces gens l'ayant choisie pour blanchir leur argent ? —, la réponse, hélas, risque d'être compliquée.

L'ex-flic marseillais avale une longue goulée de fumée et la rejette par les narines.

– Cette réponse donnerait-elle du sens au double assassinat qui vient de se produire ?

– Pourquoi pas ? ose Régis.

Sauveur Piluti n'est pas de cet avis.

– Ça fait plus d'un quart de siècle, grogne-t-il. L'eau a eu le temps de couler sous les ponts, mes amis !... Il faut trouver quelque chose d'un peu plus « frais » !

Régis sourit.

– Les cassettes s'attardent sur l'année 1975, Sauveur... Et elles sont « plutôt fraîches » puisque tu les as prélevées sur la scène de crime il y a quelques semaines à peine ! Comment, dans ces conditions, qualifier ce qui s'est produit en 1978 et en 1985 et trouve sa source en 1975 ?... « Encore plus frais » ?...

Le Corse se contente de hocher la tête.

– Cabréra va avoir du taf...

L'ancien flic des Stups hausse les épaules.

– Je peux mettre du monde sur le coup.

– Tu entends quoi par « du monde » ?...

– Des gens d'ici. Ça arrive à mon vieux copain le commissaire Cérutti de faire appel à eux quand il est débordé. Ils sont très efficaces. Ils lui ont été recommandés par Rolou, un ancien flic devenu acteur de cinéma après un petit détour par la case prison.

Régis regarde l'ancien flic des stups sans le voir. Avant de tuer sa mère, le type masqué l'avait revêtue d'une robe de mariée...

Une curieuse robe de mariée, en fait. Noire... Avec des flammes rouges brodées.

Comme pour célébrer des noces infernales.

CHAPITRE 14

Le cinéaste Félicien Jenner, ancien assistant de Claude Chabrol et Jean-Pierre Mocky, est retrouvé pendu le mercredi 18 septembre dans son loft du boulevard Montebello à Lille, par sa femme de ménage.

Muriel Maé, la jeune journaliste indépendante qui partageait la vie de Jenner Junior est retrouvée morte à ses côtés, portant une robe de mariée noire...

Sans doute Félicien Jenner ne voulait-il plus entendre parler mariage et a-t-il pété les plombs quand il a vu sa concubine accoutrée comme pour un passage en mairie ou une montée à l'autel. Il a pris un couteau de cuisine, l'a égorgée et éventrée.

Il s'est même permis de lui arracher les intestins et de les lui enrouler autour du cou !

Son forfait à peine perpétré, si l'on en croit les conclusions orales et provisoires du légiste venant d'examiner les corps, Jenner Junior a choisi la fuite dans la mort. Il s'est pendu à l'une des poutres de son cabinet de travail à l'aide de trois ceintures nouées ensemble. Une chaise renversée au dernier moment a rendu l'acte irréversible.

– J'ai son carnet de rendez-vous devant les yeux, tousse dans son téléphone portable le lieutenant Makélé qui vient d'achever ses constatations. Vous lui aviez demandé de passer vous voir, d'après ce qu'il a griffonné... Le rendez-vous était pour la semaine prochaine. Vous l'aviez fixé d'un commun accord ?

– Oui.

– Vous l'aviez appelé lundi matin apparemment ?...

– C'est cela. Je voulais le rencontrer pour qu'il me parle de son prochain film... Dommage.

– Dommage, en effet. Rien d'autre à signaler, monsieur Fadurian ?

– Non, lieutenant.

– Jenner ne vous a pas paru bizarre au téléphone ?

– Non, il avait une voix tout à fait normale.

– Très bien. Il est possible que je vous rappelle dans les heures qui viennent, monsieur Fadurian. Ou que je passe vous voir.

– Vous serez le bienvenu, lieutenant.

– Merci, monsieur.

*

Avant de quitter la scène de crime où continuent de s'affairer les techniciens de la police scientifique, le lieutenant Makélé se demande s'il est opportun de signaler au procureur de la République les ouvrages de magie noire qui encombrent l'appartement du cinéaste Jenner. Il finit par se décider à les signaler.

- Vous avez vu ses films, lieutenant ? s'enquiert le procureur.

– Non, monsieur.

– Tant mieux. Ils relèvent de la décadence la plus abjecte... Jenner se réclamait de l'américain Lovecraft, un romancier athée dont les écrits n'avaient d'autres buts que de flatter les instincts les plus troubles de ses lecteurs ! Lovecraft brûle certainement en enfer, lieutenant ! Et c'est très bien comme ça ! Je ne suis donc pas étonné du contenu de la bibliothèque de Jenner... Oubliez ces livres maudits que vous venez de découvrir, c'est un catholique pratiquant qui vous le conseille, lieutenant. Soyez sûr que Jenner est en train de rendre compte à son Créateur... À défaut de prier pour le salut de son âme, abstenons-nous de noircir davantage sa mémoire. Ça ne fera pas avancer d'un pouce l'enquête. Montrons-nous charitables...

CHAPITRE 15

Régis Fadurian flâne sur la grand-place de Lille. Il vient de subir une crise d'angoisse et à chaque fois que cela se produit la solution la plus simple et la plus efficace pour recouvrer un semblant de sérénité est la marche à pied.

Sauf aujourd'hui.

La crise perdure. Elle lui noue la gorge, elle lui tord les entrailles.

Régis a un pied sur la grand-place et l'autre du côté du Vieux-Lille.

Maintenant Régis a tout juste quatre ans... Il est dans le petit jardin qui prolonge la cour pavée de la maison maternelle, rue de Gand. Il joue avec Minus, son chat. Il lui gratte le ventre. Minus ronronne. Maman hurle. Peut-être qu'elle a vu une araignée ? Maman déteste les araignées ! « On va voir ? » dit Régis. Mais Minus reste sur le dos, c'est un fainéant. Régis court tout seul. Maman est sur le dos comme Minus. Un vilain monsieur s'agite entre ses jambes. Maman porte une robe de mariée toute noire...

Régis traverse la cuisine sans faire de bruit. Il passe derrière le monsieur qui ne le voit pas. Il se cache dans le couloir qui mène à sa chambre. Le monsieur s'est retiré des jambes de maman et la regarde sangloter sur le carrelage.

Régis se tord un peu le cou pour voir. Le monsieur est laid, son visage est déformé. Tante Anna expliquera plus tard qu'il a enfilé un bas pour ne pas être reconnu...

« Tu vas crever, salope ! » dit le monsieur. Il a une voix rauque. Régis tremble. Le monsieur brandit un couteau. Il frappe maman. Il frappe, frappe. Le sang gicle.

CHAPITRE 16

La Lilloise Arlette Demarchy descend le boulevard de la Liberté en fauteuil roulant comme chaque fin d'après-midi, quelle que soit la saison, poussée par son mari, l'inspecteur divisionnaire honoraire Achille Demarchy.

Arlette jubile. Ils ont reçu hier soir un coup de fil du commissaire Cérutti, suivi de la visite de Francis Rolou venu les remercier d'avoir accepté de faire un truc digne d'une série de Canal +. Reprendre à zéro une enquête qui était passée sous le nez d'Achille en 1985. Le viol et l'assassinat de la scénariste et romancière Sylvie Fadurian. Achille n'avait pas été saisi de l'affaire parce le patron du SRPJ de l'époque, un Corse, détestait Achille.

Sacré Rolou... Arlette l'aime bien. Elle lui glissait la pièce quand il faisait le clochard à Wazemmes à sa sortie de prison. Elle lui donnait aussi les vieux costumes d'Achille. L'ancien enquêteur de police du commissariat de Wazemmes, révoqué pour proxénétisme aggravé, s'était métamorphosé au moment de l'arrivée de la gauche au pouvoir. Paraît qu'il assurait la protection rapprochée d'un ponte du parti socialiste, en tout cas il passait pas mal de temps à Paris.

Arlette l'avait entraperçu deux ou trois fois, sapé comme un milord, sortant de l'hôtel de ville.

Au début des années 90, il avait fait fort.

C'est le moins qu'on puisse dire !

L'ex-enquêteur de Wazemmes et ex-clodo s'était arrangé pour devenir la vedette d'un film. Puis d'un autre. Et d'un autre encore ! On ne voyait plus que lui sur les écrans.

Il avait même obtenu un César.

En juillet 92, il avait publié ses mémoires. *Ticket jetable*, ça s'appelait. Il était venu dédicacer son bouquin au Furet du Nord.

Il y a une éternité de cela... Mais Arlette a l'impression que c'était hier.

Elle avait eu droit à un immense bouquet de fleurs au sortir du Furet, puis une invitation à dîner dans un resto de fruits de mer avec Achille.

Fin de la partie.

Triple tonneau d'Arlette sur l'autoroute de Lens six mois plus tard. Quinze jours de coma. Paralysie des deux jambes. Fauteuil roulant. Visites journalières de Rolou. Dédicace de son nouveau livre. Un polar. *Mourir en trois fois sang frais*. Porté à l'écran deux ans plus tard.

CHAPITRE 17

Achille prend une bière. Arlette un thé glacé.

– Dans combien de temps ?

– Six minutes, dit Achille en regardant sa montre.

Pas une de plus. L'ancien braqueur César Mulot, fiché au grand banditisme, est la ponctualité incarnée. Et la gomina fait homme. Tout est gominé chez lui. Les cheveux. Les sourcils. Les rouflaquettes.

– Salut Arlette.

– Salut crapule.

Leur enfance et leur adolescence, ils les ont passées dans le même immeuble délabré de Lille-Sud. Ils se claquent la bise.

– Tu vas bien, Achille ?

– Pas d'après les médecins... Mais je m'en fous.

Ils se mesurent le ventre. Celui de César est devenu tout plat. Il doit faire régime.

– Une bière pression moi aussi.

– Elle arrive...

Deux bières plus tard, ils n'ont toujours pas abordé le sujet qui justifie le rendez-vous fixé par Achille et Arlette.

– C'est rapport à la petite Fadurian, se dévoue Arlette.

– Oui, grogne Achille. Sylvie.

César s'enlève un peu de gomina du sourcil droit pour se le sucer.

— J'aurais parié pour Anna, dit-il, taquin.

— Sylvie, confirme Achille. La romancière, la scénariste.

Le vieux truand de Lille-Sud hoche la tête.

— J'ai été soupçonné à l'époque...

— Je sais, dit Achille. Mais ce n'était pas toi, ça aussi je le sais... C'est Tréand qui avait balancé ton nom.

— Oui, ce fumier de Tréand qui contrôlait la plupart des bars montants du Vieux-Lille ! Il me détestait. Il roulait pour les Siciliens et multipliait les allers-retours Lille-Marseille.

— Il avait des vues sur ta jeune sœur.

Marie-Pulchérie. Belle comme une brouette en magasin. Intelligente comme une brouette soldée.

— Oui, dit César. Il pensait qu'en me collant derrière les barreaux de Loos, il pourrait me la séquestrer.

Un peu simpliste, l'analyse.

— Qui a pu exécuter le contrat ?

— Un Arabe, dit César. Le couteau, c'est leur truc. Une femme ou une chèvre, pour eux c'est du pareil au même !

L'inspecteur divisionnaire honoraire n'est pas satisfait. Le vieux voyou César Mulot est un raciste primaire qui refuse de devenir secondaire ou tertiaire par pure paresse.

— Je suis pas convaincu, dit Achille.

— Je reprendrai bien une bière, dit César.

— Toi, tu en restes là, suggère Arlette en fronçant le sourcil.

Achille joue l'apaisement au sein du couple d'un petit geste de la main.

— Vois-tu, dit-il après avoir passé commande, j'ai de bonnes raisons de penser qu'il ne s'agissait pas d'un Arabe. D'après le témoignage d'une riveraine qui a vu le type s'enfuir, il était plutôt blond.

— Des Arabes qui se teignent les cheveux, ça existe.

— Oui, sauf qu'ils sont rarement blancs de peau.

Mulot attend de s'être fait livrer sa bière pour reprendre la conversation.

— J'ai fait deux mois de préventive pour rien, rappelle-t-il.

— Je me souviens, dit Achille.

— J'avais fait un gâteau pour fêter ton non-lieu, dit Arlette.

— Je me souviens, dit à son tour César. Il était bourré de crème pralinée avec un arrière-goût de frangipane. N'empêche que j'avais été approché pour buter Sylvie Fadurian et que je ne l'ai pas fait...

Silence autour de la petite table en terrasse.

— Qui t'avait approché ? s'autorise à demander Arlette.

Gros soupir de César.

— Quelqu'un qui se faisait appeler « le Colonel ».

— Quel colonel ?

— J'en sais rien. Je l'ai rencontré dans une villa de Lambersart. Ça s'est passé de nuit. J'avais un phare dans la gueule. J'ai vu qu'une silhouette.

— Qui avait provoqué cette rencontre ?

César Mulot s'essuie les lèvres d'un revers de main.

— Désolé, Achille. Je peux pas te répondre. Je t'en ai déjà trop dit.

CHAPITRE 18

Sauveur Piluti a le temps de se dire que les Siciliens vont se sentir frustrés.

Ça n'aura pas servi à grand-chose de faire liquider Anna Fadurian et cet abruti de Scocisse, son ombre portée. Pourtant c'était un bon plan. Sur le papier, du moins. Sauveur était dans les embouteillages sur l'autoroute de Dunkerque. Le tueur venu de Marseille à sa demande faisait cracher son flingue puis se servait du portable d'Anna pour lui annoncer que le problème était réglé. Lui, il rappliquait tranquillement, il raflait les cassettes et appelait les flics.

Mais l'heure n'est plus aux regrets.

Sauveur a joué et Sauveur a perdu. Comme Lisa Lungara. Comme Olivier Jenner. Comme Marcel Tréand. Comme René Dourda. Comme le commissaire Blémant.

Sauveur Piluti, l'ancien obligé de Blémant et « gestionnaire de fortune » du loup, n'aurait pas dû entrer dans des combines de magie... Il n'aurait pas dû participer aux rituels noirs avec Frimousse, Scocisse et les autres.

Bien sûr, il y avait le bon côté des orgies. Les jeunes femmes baisées au nom des démons protecteurs d'Irak ou du Soudan.

Bien sûr, il y avait le fric qui coulait à flots.

Les Ferrari, les Lamborghini.

Les villas achetées ici ou là.

Il regrette pour Corinne. Elle n'est pas responsable... Elle trompait simplement son mari avec lui.

Dommage.

Dommage pour tout.

Sa dernière parole est pour Frimousse. Il s'est montré trop gentil avec elle. Trop faible... Il aurait dû la laisser cramer au lieu de l'extirper du brasier.

– Salope, marmonne-t-il.

Il ferme les yeux.

Il ne veut pas voir la mort en face. Ni penser aux démons qui s'impatientent de l'autre côté.

L'astral est bourré de démons.

Ils apparaissent parfois lors des rituels.

Corinne a deviné ce qui l'attend. Elle a pleurniché quand p'tit loup l'a obligé à enfiler cette saloperie de robe noire qui le fait bander... Maintenant elle sanglote, elle en veut à Sauveur.

Sauveur s'est fait avoir.

Jusqu'au trognon.

Sauveur sait que les démons vont se disputer son âme gangrenée par le crime comme des chiens le feraient d'un quartier de viande noir de mouches.

CHAPITRE 19

L'ex-flic Ange Cabréra monte à Lille le 28 septembre.

Il a croisé Cérutti à Pamiers en juillet, chez sa mère. Fin août, il est retourné à Rome. Pour essayer de savoir ce qu'y fichait Anna Fadurian quand elle a eu son accident de circulation. Mais il n'a rien ramené d'intéressant... Même pas de quoi justifier ses honoraires.

À Lille, le 28 septembre, Cabréra fait le tour des bars à flics et des bars à journalistes.

Il recueille en milieu d'après-midi un tuyau susceptible de lui éviter de rentrer bredouille. Un tuyau en provenance de la sœur jumelle de la compagne de Jenner, Muriel Maé.

Un gros, un lourd tuyau.

Félicien Jenner se serait senti menacé. À cause d'un film qu'il projetait de tourner sur une grande figure de la flicaille lilloise d'avant-guerre et de la voyoucratie marseillaise d'après-guerre et des « sixties ». L'ex-commissaire Blémant... Des gens, visiblement, ne voulaient pas que ce film se fasse.

Sachant qu'Olivier Jenner, le père de Félicien, dont Jean Gabin et Jean-Pierre Melville disaient le plus grand bien, avait été un grand résistant. Il avait quitté

Lille fin 1941 pour se réfugier à Marseille. Il avait côtoyé le commissaire Blémant et Mémé Guérini pendant la clandestinité...

Le père avait-il révélé au fils des choses sur les années noires marseillaises dont le fils s'était souvenu en écrivant le scénario de son film sur Blémant ?...

CHAPITRE 20

La sœur jumelle de Muriel Maé ne s'est pas épanchée sur procès-verbal. Elle a un contentieux avec les flics. Seize mois de concubinage musclé avec un commandant de police l'ont rendue méfiante. Elle n'a dit que le strict nécessaire aux enquêteurs. Par contre, elle s'est lâchée auprès de la grande amie de sa sœur assassinée : Laurence Chalacourt, journaliste à *Liberté hebdo*. Chalacourt a officié au service communication de la Porte du Hainaut, une communauté d'agglo du Valenciennois, avant de rejoindre *Liberté hebdo*. Elle a entretenu d'excellentes relations avec le commissaire François Cérutti qui s'apprête à quitter Valenciennes pour Toulon.

Cérutti a gardé le numéro de portable de la demoiselle, il s'entremet pour qu'elle accepte de rencontrer Cabréra.

Le 29 septembre en fin d'après-midi.

À Wazemmes. Dans un bar qui donne sur le marché couvert.

Cabréra est seul au comptoir. Il a posé son portable et ses clés de voiture près de son verre, en signe de reconnaissance.

– Vous enquêtez pour le compte du neveu d'Anna Fadurian ?

– Oui.

Voix cassante. Pas festive, la journaliste ch'tie. Mais diablement jolie. D'ascendance slave par sa mère. Un petit côté Marina Vlady à vingt ans. Avec des tresses comme on n'ose plus en porter aujourd'hui, mais qui lui vont à ravir. Absence totale de maquillage. Pli soucieux au milieu du front. Sourire en coin.

– Vous voulez savoir quoi au juste ?

– Ce qu'il vous est possible de me dire...

Elle ricane en le suivant à une table. Commande un petit noir. Le boit à petites gorgées.

– J'ai peur de ne pas pouvoir vous dire grand-chose.

– Mais encore ?

– Je connaissais Muriel depuis le lycée.

Muriel Maé. La copine de Jenner Junior. Morte dans des conditions épouvantables. Égorgée. Éventrée. Éviscérée.

– Et ?...

– Et sa sœur jumelle. Et c'est tout.

La journaliste tire de son sac un paquet de tabac gris. Ange Cabréra règle les consommations, suit la jeune femme jusqu'à l'angle de la rue Gambetta. Ils s'adossent à la devanture d'un magasin. Il la regarde lui fabriquer une roulée.

– Vous rentrez quand à Marseille ?

– Dès que possible...

– Personne ne vous attend là-bas ?

Cabréra sourit. Garde le silence.

– Ne vous méprenez pas, dit-elle. Je ne suis pas en train de vous proposer un plan cul... Juste une rencontre fortuite.

Il fronce le sourcil.

– Je ne suis pas sûr de comprendre.
– Attendez un peu.

*

La nuit est tombée depuis une petite heure.

Les phares de la voiture éclairent un chemin pavé serpentant à travers champs. Le volant vibre, les amortisseurs souffrent. On se croirait en reconnaissance du parcours de Paris-Roubaix, la course mythique, avec sa fameuse trouée d'Arenberg.

– On est presque arrivés, monsieur Cabréra.

CHAPITRE 21

L'autre sera « Luc » toute la durée de la rencontre.

Il a une trentaine d'années. Rouquin. Cheveux coiffés en brosse. Visage poupin. Plutôt bedonnant. Court sur pattes. Journaliste indépendant lui aussi.

— On ne se connaît pas et vous n'êtes pas venu ici ce soir, prévient Luc. D'accord ?

L'ex-flic Cabréra hoche la tête.

— D'accord.

Il sort son paquet de Gitanes.

— Merci. La dernière fois que j'ai rencontré Félicien, confie Luc, c'était trois jours avant son assassinat... On se voyait régulièrement depuis un an. Je prépare un bouquin sur son père. Faut dire qu'en plus de mes articles et reportages, je collabore à des scénars de film, j'adapte des polars pour des séries télé et j'écris des biographies plus ou moins autorisées. Je fais souvent le nègre pour ce qui est des « bios ». J'utilise plein de pseudos. Luc Gential, Raymond Tavin, parmi les plus récents... Je n'ai aucune confiance en la police et la justice françaises, je ne veux pas me trouver en situation de devoir témoigner devant un flic ou devant un juge au sujet de l'affaire Jenner. Plus je reste dans mon coin, mieux je me porte.

Le Marseillais fait claquer son Zippo.

— Je n'ai qu'une parole et je vous l'ai donnée.

— Parfait.

Il revient à ce qui l'intéresse.

– Donc, vous écrivez la bio non autorisée d'Olivier Jenner ?...

– J'ai écrit une centaine de pages sur ce que j'appellerai « les années Melville » d'Olivier Jenner. Je les ai fait lire à son fils... Et Félicien m'a fait l'amitié de les trouver bonnes. Il ne m'a pas pour autant encouragé à mener mon projet de biographie à terme. On s'est vus une dizaine de fois. Interdiction d'utiliser un Dictaphone, interdiction de prendre des notes. Je posais des questions, il répondait plus ou moins à côté... Je devais me débrouiller avec ça.

Cabréra rejette une longue goulée de fumée par les narines.

– Vous avez abordé le suicide de son père ?

– Bien sûr. C'est même le seul sujet sur lequel il ait consenti à se montrer plutôt précis.

– Il y croyait à ce suicide ?

– Absolument pas !

– Pourquoi ?

Luc fait la moue.

– Le père de Félicien Jenner se sentait menacé depuis avril 84. C'est la raison pour laquelle il s'était procuré un Colt ! Il avait l'intention de défendre chèrement sa peau... Pas de se la trouer dans un moment d'égarement.

Cabréra se gratte furieusement le sommet du crâne.

– Navré de me répéter... Mais pourquoi aurait-on « suicidé » le père de Félicien Jenner ?

– Sans doute pour être sûr qu'il ne tournerait pas le film qu'il projetait de tourner sur une grande figure du milieu marseillais, « Monsieur Robert », alias Robert Blémant. Un ancien commissaire de police qui, dans les années cinquante, avait basculé dans le grand banditisme puis trempé, d'après « papa Jenner », dans le mortel complot contre JFK... Un complot dans lequel s'étaient laissés entraîner des Français, des Américains et des Siciliens encore en vie au moment du « suicide » de papa Jenner et, pour certains, encore en vie aujourd'hui puisqu'ils se sont arrangés, ces fringants octogénaires, pour faire « suicider » le fils près de trois décennies après avoir « suicidé » le père !...

CHAPITRE 21

Sauveur Piluti est découvert le crâne fracassé dans son petit nid d'amour de Lille-Sud le lundi 30 septembre en fin de matinée.

Balle de 11,43 dans la tempe droite. Suicide avec son arme personnelle (déclarée en préfecture) pour les enquêteurs du SRPJ de Lille. Sa mort remonte au 28 septembre, d'après le médecin légiste.

Sa maîtresse, Corinne Delplanque, gît avec lui dans le studio de la rue Jules Breton qui abritait leurs petites escapades extra-conjugales, elle a été égorgée et éventrée le même jour. Elle est allongée sur un canapé... Elle porte une robe de mariée noire souillée de sang et de matières fécales.

Corinne Delplanque a reçu treize coups de couteau. Au ventre et à l'abdomen, tout autour des flammes de sa robe brodées avec du fil de soie rouge.

Le lieutenant Télesphore Makélé, dans son bureau du SRPJ, ne se prive pas de compter jusqu'à trois.

Un, le 13 juin 1985, avec Sylvie Fadurian, romancière et scénariste lilloise. Violée et poignardée en robe de mariée noire brodée de flammes rouges, rue de Gand. (Il vient d'extraire le dossier des archives.)

Deux, le 18 septembre de cette année avec Muriel Maé, compagne du cinéaste marseillais Félicien Jenner, exilé à Lille depuis 2006.

Trois, aujourd'hui, avec Corinne Delplanque, maîtresse de Sauveur Piluti.

Trois « mariées du Diable » éventrées.

Trois de trop !

Le lieutenant Télesphore Makélé s'en ouvre à son chef de groupe qui s'en ouvre au directeur du SRPJ, mais aussi au commissaire central qui s'en ouvre au directeur régional de la sécurité publique qui s'en ouvre au directeur de cabinet du préfet.

Et cette succession d'ouvertures met en branle la machine policière, laquelle sait se montrer très réactive lorsque l'on touche de près ou de loin à quelque chose pouvant s'apparenter à la raison d'État.

D'où le message hiérarchique que réceptionne très vite le lieutenant Télesphore Makélé.

Il n'a pas à s'inquiéter.

Le petit coup de pouce que mérite l'enquête sera donné au moment où sa hiérarchie le jugera opportun. En attendant, il peut commencer à faire ses valises... Sa mutation à l'île de la Réunion — sa chère île natale — interviendra le premier novembre prochain.

Cela fait six ans qu'il postule pour La Réunion.

Eh bien voilà !... Il est en instance de départ. L'administration sait parfois se montrer bonne mère.

CHAPITRE 23

Tout en barbotant dans la piscine intérieure de son hôtel particulier de la rue Royale, dans le Vieux-Lille, l'ancien enquêteur de police Francis Rolou, l'ami des Demarchy, se souvient de son autre vie au commissariat de Wazemmes puis à la prison de Loos.

Comment pourrait-il oublier son autre vie ?

Ses années de taule, le suicide par noyade de sa mère, les poux quand il jouait au clodo ?

Les deux fois — en 1979 et 1982 — où il avait eu l'ex-inspecteur Dourda des RG de Lille dans sa ligne de mire sans pouvoir se résoudre à faire feu ?

Il n'est pas un assassin.

Il ne le sera jamais.

Francis Rolou avait quitté la prison de Loos-lez-Lille en janvier 1976 après avoir bénéficié d'une réduction de peine pour bonne conduite, mais il avait dû exécuter le plan concocté par Arpent, le père spirituel de Davidian.

Fausse déchéance à la sortie.

Fausse mendicité.

Mais aussi versements d'argent réguliers. Confortables. En liquide ou sur son compte bancaire, par virements en provenance d'une entreprise de sécurité privée basée au Luxembourg.

Il avait repris, aidé par son allure de clodo, son boulot de flic de voie publique en quelque sorte...Il surveillait le domicile de Frimousse et celui de sa mère.

Il notait les allées et venues aux abords des domiciles, les immatriculations des véhicules des visiteurs qu'il photographiait quand la chose était possible et « filochait », de nuit, avec sa Yamaha, jusqu'au vieux cimetière d'Aniche où reposait, dans l'anonymat d'une tombe abandonnée, une momie dont ces connards se servaient comme *attache* lors de leurs rituels, et parfois même jusqu'à Paris. Il avait levé le pied en janvier 1987, à la mort de la sorcière Josette Dumont, auxiliaire des enfers.

Et puis le miracle...

Davidian lui avait ménagé une entrevue avec Anna Fadurian, une amie du Sphinx. Elle l'avait écouté s'épancher sur ses années-prison.

Il n'avait pas tardé à comprendre. Anna Fadurian rassemblait un dossier à charge sur l'ex-inspecteur Dourda flingué à Marseille pour avoir trop flirté avec le grand banditisme. Elle avait engagé une flopée de détectives pour rassembler tout ce qu'il était possible de rassembler sur Dourda. Elle voulait salir la mémoire de Dourda dans un film faute d'avoir pu lui nuire de son vivant. Elle ne lui pardonnait pas la mort de sa sœur. Rolou s'était laissé convaincre de rouvrir le dossier du libraire Labranche, de reprendre cette affaire à zéro. Grâce au pognon versé par Anna Fadurian, il s'était rendu à trois reprises en Algérie. Il avait remonté toutes les pistes imaginables. Son livre sur l'affaire Labranche, mettant en cause divers rouages des Renseignements Généraux, lui avait valu trois procès devant la dix-septième chambre correctionnelle de Paris. Tous gagnés. Et des dizaines de milliers de lecteurs.

En 1990, Anna Fadurian l'avait convaincu de tourner dans l'un des films de Jenner Junior qu'elle produisait. Onze ans plus tard, il obtenait son premier César. Celui du meilleur second rôle.

La nuit dernière, le Maître aux traits asiatiques s'est manifesté à Francis Rolou, scribe du cénacle de Bourges, dans son oratoire, au dernier étage de son hôtel particulier de la rue Royale.

Les vibrations du Maître étaient à la limite du supportable.

Francis a écouté, tête baissée, les propos de l'émissaire de la Rose-Croix.

— Les temps approchent... Ajouter la guerre à la guerre ne résoudra rien. Verser le sang des hommes sur la terre moribonde, mélanger le sang de l'horreur guerrière avec « l'or noir » qui est le sang du Diable ne peut que hâter l'inéluctable ! Pendant que les gouvernants aveugles des peuples aveugles courent à leur perte, poursuivez les rituels protecteurs. Seule la magie rouge, d'inspiration séraphique, peut contenir l'offensive des Forces noires. Observez ce qui se passe autour de vous et méditez. De la méditation naît l'action. L'action juste qui permet la traversée des cycles. Car les temps approchent... Un âge du monde est en train de s'achever et les gouvernants officiels du monde feignent de l'ignorer. Ils sont bien trop occupés à suivre les instructions de Shaytan que leur dicte la « nébuleuse noire ».

CHAPITRE 24

Son portable vient de vibrer. Prénom affiché.

– Salut Fabien.

Santossi. Le capitaine Fabien Santossi, d'origine corse par son père et ch'tie par sa mère. Ancien de la brigade des Stups. Détaché depuis deux ans au cabinet du préfet de police. L'un de ses meilleurs contacts au sein de l'administration lilloise.

– Du nouveau ?

– Oui.

– Tu veux qu'on se voie ?

– Oui.

Séchage. Habillage. Direction le Bartown, le bar lounge cosy de la rue Saint-Sébastien qui sert de quartier général à Santossi.

Le ch'ti-corse porte des lunettes qu'on jurerait carrossées par Michou et un tee-shirt savamment troué qui doit coûter une fortune.

– J'ai du lourd, confie-t-il après que le serveur ait posé les apéros devant eux. Du très lourd, même... La DGSI et la DGSE sont sur le coup.

Silence de l'ancien flic de Wazemmes.

– Pour que les services de renseignements intérieurs et extérieurs de notre beau pays s'invitent sur ce pré carré, reprend le ch'ti-corse, c'est que le jeu doit en valoir la chandelle, tu ne crois pas ?...

– Je veux.

Sourire en coin.

– Raison d'État, mon pote.

Le conseiller du préfet de police se fend d'un clin d'œil complice.

– ... Sauveur Piluti appartenait à une structure clandestine qui sous-traitait et continue de sous-traiter sans lui, au moment où je te parle, une partie des opérations extérieures les plus tordues des services spéciaux français et italiens avec la bénédiction de l'OTAN. C'était même l'un des « banquiers » de cette structure binationale particulièrement active en Bosnie, en Croatie, en Syrie, en Libye. Pour ne pas parler aujourd'hui du Yémen où se déroule une sale guerre voulue par l'Arabie saoudite et les princes du désert. Quinze mille morts, dont des gosses pulvérisés dans des bus scolaires, vingt-deux millions de personnes exposées aux risques de famine et de choléra... Eh oui, mon pote, c'est compliqué la géopolitique ! La France, jusqu'en 2012, importait l'essentiel de ses hydrocarbures de Russie. Aujourd'hui, c'est Ryad qui a pris la place des cosaques. Ryad nous fournit près de 19 % de nos besoins en pétrole brut et on est à sa botte, comme un junkie devant son dealer. Pourquoi ce changement hasardeux ? A causé de l'irrésistible ascension des néoconservateurs gaulois au sein du Quai d'Orsay. On court s'aligner au Moyen-Orient sur la position des États-Unis, version Trump et son gendre Jared Kuschner. On ferme les yeux sur les exactions d'Israël, on cajole l'Arabie saoudite du prince héritier MbS même quand elle découpe ses journalistes dissidents à la scie à os, façon *Pulp Fiction*. En échange, on s'en met plein les fouilles... *Business as usual*, pas vrai ?

Sauveur Piluti aidait la politique extérieure de la France en rendant des services logistiques qui ne souffraient pas de questions dans certaines capitales arabes à forte présence corse et italienne et en organisant, sous l'œil attentif de la DGSE, des parties fines pour le compte d'hommes d'affaires saoudiens, égyptiens, libyens, irakiens de passage à Paris... Sans omettre de « réguler » le marché de la morphine-base au Liban.

Francis Rolou se gratte le crâne.

— Me dis pas qu'Anna Fadurian trempait là-dedans ?

— Elle aurait reçu des valises de pognon, style « argent de poche », de la part de la structure cogérée par Piluti et bénéficié de montages financiers dont tu n'as pas idée pour faire tourner sa boîte de prod et rendre des services aux guignols de l'OTAN en leur offrant de magnifiques couvertures dans les régions les plus chaudes du globe sous couvert d'organiser des castings, de faire des repérages et tourner des docu-fictions... Mais, ce qui est plus trouble encore, elle aurait touché à des trucs considérés comme dangereux par des membres du gouvernement italien. Des trucs de magie... Les Ritals sont très branchés magie... Rome passe pour être un nid de satanistes, Venise pour être une capitale du vampirisme.

— Tu te fous de ma gueule ?

— Pas du tout. Sauveur Piluti s'est même posé en médiateur. Il lui a dégoté une réunion à Rome avec des représentants des services italiens qui lui ont dit de se tenir à carreau. Ils avaient des infos émanant d'une branche très spéciale du Vatican, mêlant barbouzerie et exorcisme, comme quoi des Américains lui en voulaient. La vieille Anna aurait même eu droit à un ultimatum ! Elle était tellement stressée au sortir de cette réunion qu'elle a eu un léger accrochage avec sa voiture de location. Malgré tout, rentrée au bercail, elle a continué ses conneries... Alors Piluti s'est vu contraint d'exécuter le « contrat » venu de Palerme... Il a flingué ou fait flinguer Anna Fadurian et Serge Scocisse, son âme damnée. Mais je porte pas de jugement, mon pote, je te dis juste ce qu'on pense du dossier place Beauvau.

– Et une autre officine sous-traitant pour nos services ou les services italiens ont éliminé Sauveur Piluti et sa maîtresse ?...

– Non. Ils ont laissé faire, d'après ce que j'ai cru comprendre. Pourquoi te taper le sale boulot quand quelqu'un a la bonne idée d'agir à ta place !

L'ancien flic de Wazemmes fait la grimace.

– Arrête de me faire lambiner. Qui a liquidé Piruti et sa maîtresse en robe de mariée noire ?

L'homme qui monte au sein du cabinet du préfet de police ôte ses lunettes.

– Celui ou ceux qui ont liquidé à Lille le cinéaste Félicien Jenner et sa nana ! Pas besoin d'être flic ou barbouze pour comprendre ça...

- Qui ? insiste Francis Rolou.

– Je n'en sais rien, camarade.

– Tu as l'oreille des gens de la DGSI, non ?

– Oui... Et ils m'ont demandé de te faire passer un message.

– Lequel ?

– Laisse tomber ! Ça craint... Barre-toi pendant que la chose est encore possible !

– Sinon ?

Le ch'ti-corse remet ses lunettes.

– Tu vas au-devant des pires emmerdes.

L'ancien flic de Wazemmes lève les yeux au plafond. Lâche un soupir surjoué.

– Message reçu, tu as ma parole... Tu peux répercuter. Je laisse tomber. Ça fait un bon moment que j'en ai marre de toute cette merde. Je retourne à ma table de travail. Je tiens à finir le scénar que j'ai entamé en sortant de taule et laissé ensuite de côté... *Wazemmes City*. Dis-leur que j'ai décidé de me montrer docile. Ça devrait leur plaire.

– Tu es sincère ?

– Je suis sincère.

– Tant mieux pour toi. Pour nous. Pour tout le monde.

Le vieil homme barbu et chevelu, sur leur gauche, près de la fenêtre, vient de se lever après avoir coincé un billet de cinq euros sous la tasse de café à laquelle il n'a pas touché. Il passe à pas lents devant leur table. Fixant Rolou, il lui décoche un sourire et une décharge vibratoire semblable à celles qui accompagnent les apparitions du Maître asiatique. Tétanisé, l'ancien flic de Wazemmes regarde l'inconnu — qui n'en est plus tout à fait un pour lui s'il se fie à son intuition — se diriger vers la porte.

Fulcanelli.

Rolou voudrait pouvoir se lever, rattraper dans la rue le vieil homme aux longs cheveux blancs et à la barbe soigneusement taillée, lui parler, mais il s'en sent incapable. Il reste assis, il pense à la Genèse, à la femme de Loth transformée en statue de sel.

– Qu'est-ce qu'il y a ? grogne Santossi. Tu as vu la Sainte Vierge ou quoi ?...

CHAPITRE 25

L'avocat Régis Fadurian s'est retranché dans son antre de la rue d'Iéna en rentrant du SRPJ. Il n'a pas pu rencontrer le lieutenant Makélé qui est en arrêt-maladie.

Régis Fadurian est anéanti. Il ne croit pas du tout à la version policière. Sauveur ne s'est pas suicidé le 28 septembre, rue Jules Breton, après avoir égorgé et éventré sa maîtresse Corinne en robe de mariée noire. Tous deux avaient souhaité prendre dix jours de vacances, Régis les croyait aux Bahamas.

L'assassin de Sauveur et de Corinne est le même que celui de Félicien Jenner et de Muriel Maé.

Il a reproduit l'horreur commise en 1985.

Pourquoi ?

Un lien direct existe entre ces doubles homicides et l'assassinat du 13 juin 1985. C'est le contenu des cassettes. Soustraites de la scène de crime de la place Rihour par Sauveur Piluti.

Pourquoi ?

Régis Fadurian a peur de comprendre. Les cassettes sont directement ou indirectement la cause de l'assassinat de tante Anna et de son bras droit Scocisse. En les soustrayant à la scène de crime pour les lui remettre, Sauveur Piluti a offert à Régis deux pistes.

*1/*La piste de l'assassin de tante Anna et de Scocisse.

*2/*La piste de l'assassin de sa mère, à trente ans d'intervalle.

Deux pistes qui passent par Rome, Paris, Lille, Marseille et Los Angeles.

Deux pistes qui méritent d'être reliées au dossier Félicien Jenner exhumé par Régis la veille du double assassinat de Lille-Sud. Un dossier incomplet. Synopsis et quelques pages de *story-board* glissés parmi la pile de chemises cartonnées emportées rue d'Iéna. Suffisamment pour se faire une idée de l'importance du dossier consacré au commissaire Blémant, devenu une grande figure du milieu marseillais des années soixante après avoir copiné avec la CIA. Tournage prévu l'année prochaine. Tréand, le protégé de Blémant, devait être incarné à l'écran par Gérard Lanvin. Dourda aurait eu les traits de Jean Dujardin. Samy Bamounian aurait joué le rôle de Marcel Francisci, un associé de Blémant.

Autant d'éléments qui figurent aussi, entre deux bordées d'injures, dans les cassettes que Sauveur Piluti a remises à Régis peu de temps avant d'être assassiné.

CHAPITRE 26

Sammy Bamounian a disparu de la circulation depuis le double assassinat de Lille-Sud.

Son agent est inquiet. Joint par téléphone, il annonce à Régis Fadurian qu'il avait rendez-vous avec Sammy hier dans un petit restaurant d'Aix-en-Provence et qu'il l'a attendu en vain. Il n'a pas davantage réussi à le joindre sur son portable. Il lui a laissé une succession de messages demeurés sans réponse.

Qui peut vouloir du mal à Sammy Bamounian ?

Acteur adulé, cinéaste prometteur, mais aussi fils de caïd marseillais tombé les armes à la main lors d'une partie de poker, Sammy est connu pour ses fréquentations douteuses... Il a été fiancé un temps à la fille cadette d'un caïd sicilien. Ses liens avec des voyous du Var donnent régulièrement lieu à des articles dans la presse people.

Bref, les candidats aux ennuis ne manquent pas.

L'un d'eux a pu décider de passer à l'acte.

Enlever ou faire enlever Sammy Bamounian.

Le couler dans le béton. Lui lester les pieds avec un bloc de fonte et le jeter à la mer. Ce ne serait pas la première fois qu'une telle chose se produirait à Marseille. Ni la dernière.

C'est ce que pense le jeune avocat franco-américain Régis Fadurian, ce mardi 8 octobre à 23 h 15 très précises, dans sa petite maison de la rue d'Iéna à Lille, au moment pile-poil où il retire de son lecteur DVD *Jean Rollin, le rêveur égaré.*

Il est accroupi, penché sur le lecteur qui affiche *open* et le contact de l'acier sur sa nuque s'accompagne d'un rugueux :

– Tu bouges pas, pigé ?...

Accent marseillais. Régis ne peut s'empêcher de frissonner.

– ... Si tu fais ce que je te dis, tout ira bien et je range mon flingue !... Je viens de la part de Sammy. Il veut te voir... Je vais t'emmener là où il veut te rencontrer. M'oblige pas à t'assommer, mec ! Tu vas me suivre bien sagement...

*

Ils ont traversé Roubaix.

Près de la gare, le conducteur de la BMW qui dit s'appeler Milou lui a demandé de s'allonger sur la banquette arrière et lui a jeté un imperméable sur la tête. Maintenant ils ralentissent, s'arrêtent. Quelqu'un les attend, car une lourde porte métallique se referme derrière eux.

– Tu peux sortir, mec, dit Milou.

Ils sont dans une espèce d'entrepôt. L'homme qui les attendait a une allure de Gitan. Une double rangée de dents en or illumine son sourire.

– Rufus, se présente-t-il. Suis-moi...

Un monte-charge les amène à l'étage. Ils longent des sanitaires, une machine à café, des bureaux.

– C'est là...

Une pièce immense. Des sofas. Des meubles design, des tapis persans, une cheminée qui occupe tout un pan de mur. Des aquariums de trois mètres de hauteur remplis de poissons exotiques. Des spots à foison.

– Désolé, Régis...

Sammy Bamounian sort de la douche. Il est en peignoir et pieds nus. Il fume un gros havane.

– Les Siciliens ont lancé un « contrat » sur ma tronche, mec. J'ai pas le droit à l'erreur, tu comprends ?

– Qu'est-ce que tu fiches à Roubaix ?

– J'y ai une planque depuis que j'ai tenu le rôle du commissaire Demetz dans *Le p'tit Roger*. Mon premier grand rôle, mec. Je t'en ai parlé, souviens-toi, quand on s'est rencontrés, peu après l'enterrement de ta tante. *Le p'tit Roger*, c'était la grande fierté d'Anna Fadurian !... Elle avait donné sa chance à un flic lillois tombé pour proxénétisme, elle lui avait sorti la tête hors de l'eau et en remerciement, sans le faire exprès, il lui avait apporté la puissance et la gloire sur un plateau ! Cet ex-flic s'appelle Rolou... Tu devrais le rencontrer, mec, il vaut le coup. Je l'aime pas trop comme acteur. Mais comme scénariste, je le trouve génial.

CHAPITRE 27

L'inspecteur divisionnaire honoraire Achille Demarchy n'est pas très à l'aise. Il y a une éternité qu'il n'est pas venu chez elle. Après l'enterrement de son mari, elle était retournée à Fort-de-France, mais elle a fini par revenir ici. Sans doute à cause de la tombe de Simon.

Dans le quartier Saint-Sauveur, on l'appelle « la sorcière ». Lui préfère l'appeler la Martiniquaise. Il s'agit de Faustine Bromat, la veuve de son vieux copain l'inspecteur principal Simon Bromat. Originaire de La Martinique. Fille naturelle d'un grand sorcier appelé « Gran-Zongle ».

Les « quimboiseurs » de Lille, vendeurs d'infusions, de pommades, marmonneurs de prières, faiseurs d'incantations la tiennent en grande estime.

– Que veux-tu ?

– Parler.

– Tu es le messager du malheur.

Achille ne répond pas. À quoi bon ? La dernière fois qu'il est venu frapper à cette porte, c'était en septembre 1985. Pour lui annoncer la mort par balle de son mari, Simon Bromat. Inspecteur principal à la brigade des Stups du SRPJ de Lille. Retrouvé sur la banquette arrière de sa voiture, une Peugeot 504. Balle dans la nuque. Calibre 11,43.

– Entre quand même...

– Merci.

La pièce est éclairée par une myriade de petites chandelles posées à même le carrelage. Des coulées de cire forment un entrelacs... Toutes convergent comme les racines de l'Arbre du Mal vers le crâne d'un bouc posé au centre d'un cercle de sang caillé.

– Tu es toujours aussi belle, félicitations.

Elle rit.

– Toi, tu es venu voir mes seins !...

Achille Demarchy esquisse un sourire.

– Pas seulement...

– Qu'est-ce que tu veux savoir ?

Il sort un bout de tissu de son portefeuille et le pose sur le guéridon placé à sa droite.

– Pourquoi on a tué une femme !

La Martiniquaise ne lit pas les journaux, ne regarde pas la télé, n'écoute pas la radio. Elle reçoit trois fois par semaine des clients fortunés qui viennent de Londres, de Paris ou de Mons lui remettre de grosses liasses en échange des clés de leur avenir.

– Assieds-toi.

Elle prend le bout de tissu qu'Achille a obtenu de manière parfaitement illégale d'un brigadier-major ayant accès aux scellés du SRPJ et le pose sur la table recouverte d'un voile écarlate.

– Choisis celui que tu veux...

Il choisit le droit. Elle déboutonne son corsage. Ses seins jaillissent. D'une fermeté surprenante. Tétons pointus et gros comme un pouce.

– Fais ce que tu es venu faire...

L'inspecteur divisionnaire honoraire se penche sur le téton droit. Le tète avec l'avidité d'un nouveau-né.

Sept succions prolongées. Puis il crache dans une petite coupelle d'étain.

– Je vois des mains plongées dans des entrailles, dit Faustine en se penchant sur la coupelle.

– Ensuite ?...

– D'autres entrailles. D'autres ventres ouverts.

– Combien de ventres ?

– Trois en tout.

– Il n'y en aura pas d'autres ?

– Non.

La Martiniquaise ferme les yeux. Son visage devient un masque de douleur. Des gouttes de sueur perlent à son front, roulent sur ses joues.

– Simon cherche à me parler, murmure-t-elle.

– Où est-il ?

– Sur un fleuve... Dans une embarcation fragile. Il n'a pas de rames. Le courant l'emporte.

– Il est seul ?

– Oui... Il t'attend.

Achille Demarchy ne peut s'empêcher de frissonner.

– Mais ce n'est pas encore l'heure de vos retrouvailles, ricane la fille du Gran-Zongle. Tu as des choses à faire en attendant. Beaucoup de choses.

Elle rouvre les yeux. Éponge son front et ses joues. Reboutonne son corsage.

– Les cartes maintenant...

Elle paraît épuisée. Se traîne comme si elle avait mille ans jusqu'à un petit coffre en cuir craquelé. Revient en tenant un linge noir qu'elle entrouvre pour extraire les cartes dont elle se sert pour la divination. Des cartes vieilles d'un siècle et demi, dessinées et peintes par des esclaves à partir de sang humain et de pigments minéraux, héritées du Gran-Zongle.

– Choisis-en trois...

Elle les retourne devant elle.

– Le passé... Il revient en force. Il veut faire éclater la vérité. Choisis-en cinq maintenant.

Elle soupire.

– La neige. Le soleil. Le bois d'ébène. Le bateau... Sauf que le bateau n'est pas encore pour lui. Les traces dans la neige si. Dans l'ensemble, c'est bon pour toi, Achille... Tu ne feras plus pleurer quand on t'ouvrira la porte.

– Merci.

Il la regarde ranger le linge noir et les cartes dans le coffre en cuir craquelé.

– Et maintenant, qu'est-ce que tu veux savoir ? grimace-t-elle.

– Ce que tu dois me dire depuis un bail... Peut-être que ce jour est arrivé.

Un pli dur barre son front.

– Qu'est-ce qui te permet de dire ça ?

Il hausse les épaules.

– Rien.

– Pourtant tu as raison.

Elle le regarde droit dans les yeux.

– Une semaine avant que tu ne viennes m'annoncer sa mort, Louis avait reçu deux hommes ici... César Mulot et un type qui se faisait appeler le Colonel.

CHAPITRE 28

Sammy Bamounian s'offre une ligne de coke avant de poursuivre sa confession.

– Le samedi 28 septembre, à neuf heures du mat', j'ai vu Sauveur Piluti chez lui, à Lille, il était encore vivant. Il avait reçu dans la nuit un arrivage de came. De l'héroïne... Cinquante kilos, il m'a dit.

– Il dealait ?

Sammy hausse les épaules.

– C'était un super-grossiste, mec... Il avait un labo à Marseille et un autre à Beyrouth.

Régis Fadurian fait la grimace en écoutant la suite.

– ... Il se faisait des couilles en or, vois-tu. C'était l'homme des Siciliens à Marseille comme celui des Libanais à Lille. Pour les quartiers nord-marseillais, il disposait d'une gros revendeur, Kader Ramdane, que je connais depuis la maternelle, c'est dire si j'ai confiance en lui. Son revendeur lillois, par contre, je m'en méfie comme de la peste ! Il a trempé dans la liquidation de mon père... César Mulot.

Régis garde le silence.

– Sauveur Piluti marchait main dans la main avec mon père, poursuit Sammy. Tous deux travaillaient pour un putain d'ancien flic nommé Dourda ! Un ancien inspecteur des RG de Lille. Ça te dit quelque chose, pas vrai ?

– Oui, dit Régis.

— Heureusement ! C'était ton paternel, mec...

Régis ouvre la bouche, mais aucun son n'en sort. Il se sent stupide. D'une stupidité absolue.

— Je suis sûr de ce que j'avance, reprend Sammy. Ma mère m'a fait des confidences sur son lit de mort... Quand t'es prêt à passer de l'autre côté, tu fais pas dans la dentelle. Tu dis ce que tu as à dire et point barre. Elle m'a dit que t'étais le fils naturel de Dourda, mec ! Et d'autres choses qui me concernent exclusivement et que je garderai donc pour moi...

Régis lorgne vers la paille en or et le petit monticule de poudre blanche posés sur la table en verre.

— Tu veux te faire une ligne ? propose Sammy.

— Non merci.

— T'as tort. Ça aide quand on patauge dans la mélasse...

— Je voudrais juste une cigarette.

— J'ai des Camel.

— Parfait.

Régis se rend compte qu'il tremble en se penchant sur le briquet Dupont en or massif que la vedette marseillaise est allée chercher dans la pièce voisine.

— Ainsi, je suis le fils de l'ex-flic Dourda ?...

— Oui.

— Je croyais qu'il était marié... Qu'il avait épousé une actrice en 1978. Qu'il vivait avec elle à Bandol.

Jennifer Sanchez. Une starlette qui faisait le bonheur de *Match* et d'*Ici-Paris*. Avant de quitter le bar de Wazemmes, le jour de l'enterrement de tante Anna, peu après la remise du dictaphone et des cassettes, Piluti lui avait parlé du mariage de Dourda avec Jennifer Sanchez comme s'il s'agissait d'un détail biographique sans grande importance.

– Ta Jennifer Sanchez a vieilli, mec. Elle s'est métamorphosée en grosse truie faite pour les grillades !... Normal, vu qu'elle a été élevée au biberon bourré de frites, chez les Ch'tis. Son vrai nom, c'est Fabienne Dumont... Alias « Frimousse ». Elle est née chez toi. À Lille. Sa mère était une femme d'affaires pour laquelle Dourda faisait des extras.

Régis ne parvient pas à masquer le tremblement de ses mains.

– Frimousse ?...

La Frimousse « romaine » ?

La comédienne de *La République des salauds*, l'amie du cinéaste Pier Paolo Pasolini ?

—*Yes, man*. Disparue de la circulation et des écrans en 1984. Près de l'étang de Berre, un soir d'avril. Elle a grillé dans sa BMW... Enfin presque. Elle a réussi à s'extraire, la gueule cramée, l'œil droit ne voyant plus que d'un dixième, les chairs ravagées. On a failli lui amputer la main droite avant de réussir à lui sauver trois doigts... Elle était devenue l'horreur faite femme ! La sœur de Frankenstein ! Tout ça grâce à ta mère, mec.

CHAPITRE 29

— Tais-toi, se surprend à chuchoter Régis.

— Elle était jalouse, ta *mother*, continue Samy. Elle ne supportait plus les mensonges de Dourda. Il lui avait promis de quitter Frimousse, d'engager une procédure de divorce... Une fois divorcé, il devait te reconnaître, mec, puis se remarier avec ta mère ! Seulement, il n'était pas très pressé de tenir ses promesses... Alors ta *mother* a décidé d'employer les grands moyens ! Elle a concocté un putain de plan qui consistait à envoyer Sauveur Piluti et Jenner senior, deux durs qui lui étaient tout dévoués, faire le sale boulot après avoir appâté Frimousse avec un scénar de film à l'eau de rose : *les vacances de la mariée*. Un truc de ouf... Sous prétexte de l'emmener rencontrer le producteur américain des *vacances de la mariée* venu en France pour ses beaux yeux, Sauveur Piluti et Jenner senior ont enfermé Frimousse dans sa voiture, déversé un plein jerrycan d'essence sur la banquette arrière et claqué une allumette. Mais Piluti s'est dégonflé quand il a entendu les hurlements de la truie ! Il l'a aidée à s'extraire de son tombeau incandescent après avoir collé une beigne à Jenner... Il s'est même cramé la main et en a gardé une cicatrice assez dégueu ! Comme quoi, faire le bien, ça paye pas, sauf dans les téléfilms ! Résultat, Tréand a « suicidé » Jenner en 1985 pour faire plaisir à Dourda...

Olivier Jenner était un cinéaste génial, mais aussi un tueur pas piqué des vers, formé dans les rangs de la Résistance !

Régis tire comme un malade sur sa Camel. Sammy Bamounian pousse de gros soupirs.

– La truie Frankenstein s'en est sortie avec un œil en moins et trois doigts recroquevillés. Mais sur le plan mental, c'était Total Bérézina. Elle s'est mise à parler toute seule la nuit ou avec des « visiteurs » qu'elle était seule à voir et à entendre le jour !... Elle avait un sacré grain, quoi. Mais ça l'a pas empêchée de se reprendre et de mûrir sa vengeance avant de se mettre à picoler ! Mes vieux étaient à fond dans le coup, mec. Ce sont eux qui ont recueilli la truie Frankenstein à sa sortie d'hosto et l'ont encouragée à se venger. Mon père est monté exprès à Lille le 13 juin 1985 exécuter la sentence sous la forme d'une robe de mariée noire, d'un viol façon « nuit de noce chez les Zombies » et de trente coups de couteau pour la dot !...

Régis ne peut retenir ses larmes. Il les laisse couler en tirant sur sa cigarette.

– ... Dourda a pas supporté la chose, mec. Il s'est fait sauter le caisson à Marseille, deux jours plus tard, quand Tréand lui a dit que le loup approuvait l'élimination de Sylvie Fadurian. Comme quoi il l'avait sacrément dans la peau, ta *mother* !... S'il avait l'air de traîner les pieds de son vivant, il a fait fissa après sa mort, pas vrai ? Et c'est son ami Tréand qui a maquillé le suicide en règlement de comptes. Il a fourré le cadavre de ton père dans le coffre de sa Béhème pour faire chier les flics. Il ne craignait personne, question embrouilles, le vieux Tréand ! Mais t'inquiète pas, Milou va te ramener chez toi... Demain, je m'envole vers les Seychelles. Je compte y rester un bon bout de temps. Faudra me remplacer pour le rôle de Marcel Francisci, l'année prochaine, dans le film sur Blémant...

Silence de Régis. Sourire crispé de Sammy.

– ... Une dernière chose, mec. Frimousse avait ensorcelé ton père. Frimousse était une espèce de sorcière comme sa mère. Paraît qu'elle jouait avec des flammes venues de l'enfer. Moi je crois en rien, figure-toi. Depuis que mon paternel s'est fait flinguer, j'ai renvoyé Dieu et Diable dos à dos. Mais je te rapporte ce que Frimousse a confié à ma mère... La vieille Dumont, que ton père baisait en début de carrière, parlait avec le Diable... Et le Diable lui aurait fait parvenir des flammes en provenance de l'enfer pour renforcer ses trucs de magie ! Je sais pas si la chose est possible par l'astral, le plan éthérique ou toutes ces conneries, mais ma mère y croyait... Et j'aurais plutôt tendance à penser que ma mère avait ses raisons, vu qu'avant d'être barmaid et de s'intéresser à l'occultisme, elle avait fait des études de psychologie et de sociologie.

CHAPITRE 30

L'inspecteur divisionnaire honoraire Achille Demarchy allume tranquillement sa roulée en regardant le vieux voyou César Mulot mettre en route la vieille cafetière cabossée qui lui vient de sa mère.

– Je savais que tu m'enfumais, César.

– Et moi je savais que tu savais, Achille... J'attendais que tu viennes me trouver pour te dire deux, trois trucs qui me pourrissent les nuits depuis que les toubibs m'ont dit que j'en ai plus que pour deux ou trois mois maximum à vivre ! Le cancer du pancréas, c'est une saloperie que je souhaite à personne... Tu le veux moyen plus ou très serré ton café, dis ?

– Moyen plus.

Achille ne regrette pas d'être venu.

César s'est montré très loquace depuis qu'ils sont entrés dans la cuisine et il n'y a aucune raison que ça s'arrête.

Son café, César le fait à la ch'ti, un tiers chicorée. Ça rappelle à Achille son enfance dans les corons. Les femmes qui faisaient la lessive tous les jours en touillant le linge avec un long bâton. Qui préparaient le ragoût « à z'haricots ». Qui papotaient entre copines en buvant le café, histoire d'oublier que leurs maris étaient en train de se glisser dans des tailles étroites comme des terriers à renards pour abattre leur quota de charbon gras.

Ils regardent sans desserrer les dents le café fumer dans les tasses blanches filetées d'or.

— Chez nous aussi, dit Achille, on roulait pas sur l'or... Il m'est arrivé plus souvent qu'à mon tour d'aller voler dans les cours à poules et j'aurais pu me faire pincer comme toi et mal tourner... La destinée, ça tient pas à grand-chose, César.

— Pourquoi tu m'as pas dit ça plus tôt ?

Soupir d'Achille.

— Ça aurait changé quoi ?

— Rien.

Ils rient comme des gosses en soufflant sur les tasses. Quand ils sont calmés, ils boivent leur café à petites gorgées.

— C'est toi qui as flingué mon vieil ami l'inspecteur principal Simon Bromat en septembre 1985, César ?...

— Oui.

— Pourquoi ?

César gratte ses rouflaquettes gominées. Se suce les doigts.

— Il avait le mauvais œil.

Achille se demande s'il a bien entendu. Mulot éclate de rire.

— Je déconne, ben sûr ! J'y crois pas, moi, à ces trucs de quimboiseur, de Gran-Zongle et compagnie !... Tu y crois, toi ?

— À moitié.

— T'es un naïf, Achille.

— C'est pas une tare !

— Je dis pas le contraire. Je dis juste que t'es un naïf...

— Pourquoi tu as flingué l'inspecteur principal Bromat ?

Mulot verse de nouveau le café dans la tasse d'Achille avant de s'emparer de son paquet de gris pour se confectionner une roulée.

– Syndrome du papillon. Il s'approchait trop près de la flamme.

– Quelle flamme ?

– La flamme du briquet du mec qui avait buté Sylvie Fadurian...

– C'était qui ce mec ?

– Le roi du poker. Bamounian... Le père de notre vedette du grand écran. Son ex-femme avait quitté Marseille pour s'installer chez nous, elle tenait un bar montant dans le Vieux-Lille.

– Ben merde alors ! Et il agissait pour le compte de qui, Bamounian ?

– Tréand... Sauf que derrière Tréand il y avait le loup, l'ancien protégé de Blémant et des Siciliens.

Achille peine à finir sa tasse. Le café a un drôle de goût.

– Et le Colonel dont tu m'as parlé l'autre jour ?

– C'était un général d'artillerie qui avait l'habitude de sauter en parachute avec les cadres du 11e Choc... Il a cessé de s'occuper du « fût des canons » pour aller se chauffer l'adrénaline du côté des services français qui s'intéressaient de très près aux filières d'approvisionnement en morphine-base. Il se faisait appeler colonel Mercier. Il a été liquidé en même temps que Tréand.

CHAPITRE 31

À chacun sa part d'ombre.
Son jardin secret.

Illo 011 : Le GODF à Lille.

Le frère Ange Cabréra s'entretient en visiteur avec le frère Thélesphore Makélé à l'Orient de Lille, dans la salle des agapes de la loge maçonnique du Grand-Orient de France que le frère Makélé s'apprête à quitter pour l'Orient martiniquais.

La soirée a été longue à cause d'une fournée d'initiations au grade d'apprenti. On vient de servir le vin blanc et d'attaquer les crudités.

– J'ai du nouveau, frangin...

– Moi aussi.

- Je commence ? demande Télesphore.

– Tu commences.

Avant d'être assassiné dans son nid d'amour de la rue Jules Breton, à Lille-Sud, Sauveur Piluti faisait l'objet d'une surveillance constante de la part de la brigade des Stups du boulevard de la Liberté qui l'avait dans le collimateur depuis qu'un gros trafiquant belge l'avait balancé. Trois équipes faisaient les trois-huit derrière ses fesses.

– Ils ont donc tout vu le 28 septembre ?...

– Tout.

– Et ils ne sont pas intervenus ?

– Non. Ils se sont contentés de balancer aux pompiers un coup de fil anonyme en utilisant un portable volé quand les premiers asticots ont commencé à bouffer les cadavres....

– Service minimum donc. L'ordre a dû venir venu d'en haut.

– De très haut, je confirme.

– Paris ?...

Le Black hoche la tête.

Place Beauvau ? DGSE ? DGSI ? Une officine actionnée par un conseiller ministériel ? Cabréra fait la grimace en gardant ses interrogations pour lui.

– J'ai recoupé avec la DGSI, consent à dire Makélé.

L'ex-flic marseillais n'est pas étonné. L'épouse de Télesphore Makélé a été recasée à la DCRI, résultat de la fameuse fusion RG/DST, devenue DGSI.

– Ils ont arrêté le dispositif le 28 septembre à midi ?

– Oui. Circulez y a rien à voir !...

– Et y avait quoi à voir ?

– Une Range Rover.

Pilotée par César Mulot, fiché au grand banditisme. Mais Mulot n'était pas venu seul. Un type l'accompagnait. Ce type a aidé Mulot à charger à l'intérieur de la Range Rover des caisses sans doute bourrées de came.

— Il a été photographié au téléobjectif ?

— Mitraillé, tu veux dire ! Il est venu une première fois avec Mulot et une deuxième fois tout seul, à une demi-heure d'intervalle. La deuxième fois, il pilotait une Golf GTI. Volée, bien sûr... À Lambersart. Et abandonnée plus tard à Wasquehal. C'est lui qui a buté Piluti et éventré la pouffe.

— Tu as pu te procurer le portrait du loustic ?...

— Affirmatif.

Télesphore Makélé fait glisser un cliché de qualité moyenne vers l'assiette du frère Cabréra. Autour d'eux, on bâfre dur, on boit sec et on devise sévère.

— Tu connais ?

CHAPITRE 32

Cabréra n'a plus de salive depuis qu'il s'est emparé du cliché. Sa lèvre inférieure tremble.

- Tu connais ? insiste Makélé.

– Putain oui que je connais !...

« Luc ».

Le rouquin au visage poupin qui prépare une biographie d'Olivier Jenner.

Le rouquin coiffé en brosse chez qui la journaliste de *Liberté hebdo* qui ressemble à Marina Vlady l'a conduit, la nuit du 29 au 30 septembre dernier, lors de son second passage chez les Ch'tis.

Le rouquin qui vit dans un secteur forestier, non loin d'une route pavée comme celle d'Arenberg.

C'est lui, l'assassin de Félicien Jenner, de Sauveur Piluti et des deux « mariées » !

Achille Demarchy a du mal à refaire surface. Ses paupières refusent de se soulever. Il perçoit deux points lumineux qui n'arrêtent pas de s'éteindre et de se rallumer.

Il a envie de vomir à cause du café qu'il a absorbé avec candeur. Plus exactement du soporifique que César a dû verser dans le café. Un soporifique puissant vu l'heure qu'affiche sa montre. 6 h 15.

Achille est dans une pièce rouge et or. Plafond or. Murs rouges. Moquette noire. Des fauteuils, des cabriolets. Des crédences. Trois lampes allumées. Et un lit. Immense.

Rouge et or, le lit. Et une puanteur pas possible. Achille parvient à s'agenouiller près d'une pile de cassettes. Il vomit sur la moquette. À cause de l'odeur pestilentielle qui s'échappe du lit où reposent deux masses infâmes, deux corps en état de décomposition plus qu'avancé.

L'inspecteur divisionnaire honoraire Achille Demarchy ne résiste pas à l'envie d'écouter des bouts de cassette avant d'effacer ses empreintes avec son mouchoir et de pianoter sur le clavier de son portable le numéro d'appel du SRPJ.

CHAPITRE 33

C'est une vaste demeure en pierre de taille, ceinte de hauts murs et dotée d'un parc abritant des chênes plusieurs fois centenaires, à la sortie de Lambersart.

Des brancardiers masqués en sortent. Ils trimbalent deux sacs de morgue. Des techniciens de la police scientifique les suivent, des sacs scellés dans les mains.

Le préfet de police s'est déplacé en personne. Il sait qu'il est en train de jouer sa casquette et ses feuilles de chêne... Si jamais la nouvelle fuite dans la presse, il est bon pour l'exil à Mayotte.

Dans l'un des sacs macèrent les restes d'un certain Julien Botte, alias le loup, octogénaire natif de Denain, soi-disant assassin du président américain JFK (pourquoi pas de l'amiral Darlan ou du duc de Guise pendant qu'on y est !...), d'après la lettre découverte à l'intérieur de la maison par l'inspecteur divisionnaire honoraire Achille Demarchy qui prétend y avoir été amené, drogué, par le truand César Mulot censé souffrir d'un cancer du pancréas alors que Mulot est surtout quelque part dans la nature avec un arrivage d'héroïne.

Une histoire d'abrutis, de « boubourses » !

Mais de nature à déchaîner les médias pire qu'un démantèlement de camp de Roms.

Pourvu que *La Voix du Nord* et *Nord-Eclair* regardent du côté du stade Pierre Mauroy pendant qu'officient les brancardiers !

Le second sac de morgue renferme la dépouille quasi liquide de Fabienne Dumont, alias Jennifer Sanchez, alias « Frimousse », une actrice qui a fait fantasmer des tombereaux de ploucs à la fin des années soixante-dix avant de se mettre à picoler et à postillonner dans un dictaphone à propos de tout et n'importe quoi comme en témoignent des montagnes de cassettes.

D'après la lettre laissée par le loup — diminué par une sclérose en plaques et revenu finir sa vie dans son Nord natal —, c'est l'ancienne starlette qui est morte la première, d'une absorption massive de barbituriques, à la manière de Marilyn Monroe, en août dernier.

Le loup, ancien légionnaire, ancien juge de paix du milieu marseillais, propriétaire de salles de cinéma en France et en Belgique, qui lui servait plus ou moins d'agent au début des années quatre-vingt avant de devenir son concubin, de lui faire enchaîner les opérations de chirurgie réparatrice et de lui faire un enfant, s'est couché aux côtés de Frimousse, deux heures après avoir constaté son décès, et s'est tiré une balle de 9 mm dans la tempe droite.

Ce que la lettre ne dit pas, c'est que le fils de Frimousse hurlait quand elle se penchait sur son berceau...

Ce fils, elle le haïssait, d'après ce que César Mulot a confié à l'inspecteur divisionnaire honoraire Achille Demarchy qui s'est entretenu longuement avec le préfet de police. Elle le battait, l'insultait, l'humiliait. Avec tout ce qu'elle lui avait fait endurer, le pauvre garçon pissait encore au lit l'année de son bac ! Il était la risée des filles...

Sans doute aura-t-il des choses intéressantes à dire aux policiers du SRPJ de Lille lancés à ses trousses.

*

– C'est bon ?

– Oui.

– Prends ton temps...

L'inspecteur divisionnaire honoraire Achille Demarchy, au sortir du SRPJ — où il a été longuement entendu par un lieutenant de permanence —, est monté dans le taxi qui l'attendait non pour rentrer chez lui, mais pour se rendre chez la meilleure quimboiseuse de Saint-Sauveur. La fille du Gran-Zongle. Mais Achille n'est pas pressé de se faire tirer les cartes.

Achille est trop occupé à téter.

CHAPITRE 34

2 heures du matin.

Ils longent la forêt de Saint-Amand-les-Eaux. Des lambeaux de brume s'étirent entre les arbres. L'obscurité est totale. Le commissaire Cérutti arrête sa voiture à une centaine de mètres de la maison isolée qui les intéresse. Ils font le reste du chemin pavé à pied.

L'ex-flic Cabréra et le jeune avocat Fadurian se sont procurés des fusils à pompe. Cérutti a sorti son arme de service, il brise avec la crosse une vitre donnant sur l'arrière-cuisine.

Un coup de feu accueille le bris de verre.

– Couchez-vous, ordonne Cérutti.

Seul Régis Fadurian obéit.

Pas grave. Cabréra n'est déjà plus là, il s'est fondu dans la nuit.

Nouveau bris de verre. Nouvelle déflagration. Cabréra vient d'utiliser son fusil à pompe.

Le commissaire Cérutti vient de résoudre à sa manière, c'est-à-dire en s'affranchissant des règles les plus élémentaires de la procédure pénale et de la déontologie policière, l'énigme du double assassinat de la place Rihour et de l'éviscération des mariées du Diable.

« Luc », l'ancien concubin de Laurence Chalacourt, journaliste à *Liberté hebdo*, le fils de Frimousse, a la gorge explosée. Il a cru les prendre à revers, mais ça n'a pas marché, c'est lui qui s'est fait avoir. Par Cabréra, tireur d'élite chez les paras puis chez les flics.

Le rouquin au visage poupin, aux cheveux coupés en brosse est en train d'agoniser. Il gît sur le dos, son pistolet Glock entre les genoux, dans le couloir qui mène de sa chambre à la salle de billard où — après avoir assassiné Sauveur Piluti et sa maîtresse Corinne Delplanque — il a accueilli Cabréra en se faisant appeler « Luc ».

Des projections de sang et de trachée-artère criblent la tapisserie à la verticale de son crâne. Sa gorge n'est plus qu'une plaie béante. Sa vie est en train de foutre le camp et les « visiteurs » penchés sur lui ignorent qu'il ne le regrette pas.

Le rouquin ne regrette rien. Surtout pas le visage hideux qui l'aura hanté jusqu'au bout. Masque de chair violacé et changeant à chaque retour de clinique qui se penchait sur son berceau et le terrorisait. Lèvres retaillées qui laissaient échapper une voix si douce et si cruelle à la fois.

Maman... Il voudrait prononcer une dernière fois ce mot, mais il ne le peut pas.

Sa langue, ses lèvres refusent de bouger.

CHAPITRE 35

Sa vie s'échappe avec sa volonté. Lentement. Très lentement. Comme les images de sa vie.

Il essaye une dernière fois de bouger les lèvres. Il a mal, trop mal. Maman lui a mâché le travail avec le viol et l'assassinat de Sylvie Fadurian. Il ne pouvait la décevoir, elle avait placé la barre trop haut. Il devait lui prouver qu'ils étaient du même sang, que le même génie du mal les habitait.

Lui aussi, il a livré son âme à Shaytan.

Lui aussi il a fait le pacte...

Tout seul.

Avant sa mort, grand-mère Josette avait laissé des signes dans sa salle de magie. Il a su les interpréter. L'année dernière, dans la demeure abandonnée, des *Ombres* sont venues.

Elles lui ont dicté les paroles du pacte.

Il ne regrette rien.

Il a fait couler le sang réclamé par la déesse Sekhmit.

Il a suivi les instructions transmises par le canal du rêve.

Il a hâté le retour vers l'inframonde des âmes réclamées par les prêtresses de la déesse sanglante. L'âme du sorcier Scocisse, l'âme du sorcier Piluti, l'âme du sorcier Jenner...

Honte sur les sorciers qui trahissent le pacte prononcé, à genou, tête tournée vers l'un ou l'autre des centres de Shaytan !

Cabréra lui parle à l'oreille, mais p'tit loup ne l'entend pas. Il est trop loin pour entendre Cabréra.

La nuit est en lui, la nuit l'habite, la nuit l'éponge. Il est à Marseille. Du côté des docks. Des mariées noires dansent autour d'un grand feu venu des enfers, attisé par un quimboiseur à tête de tisonnier... Maman mène la danse.

CHAPITRE 36

Le commissaire Cérutti a reçu en début d'après-midi un coup de fil de César Mulot, depuis peu en cavale, l'un de ses meilleurs indics depuis que Cérutti a été muté chez les Ch'tis.

Incontestablement, Jean-Luc Dumont, alias Tavin, alias Gential, est le digne fils de Frimousse et du loup (même si ce dernier ne l'a pas officiellement reconnu).

En « suicidant » Sauveur Piluti d'une balle de 11,43 dans la tempe, en éventrant la « mariée » Corinne Delplanque dans leur nid d'amour de Lille-Sud, en suicidant par strangulation le cinéaste Félicien Jenner, fils de l'autre, en éventrant la mariée Muriel Maé dans leur loft du boulevard Montebello, Jean-Luc Dumont a réalisé les meilleures séquences d'un film-culte mêlant fantômes personnels et victimes expiatoires.

Un film vrai qui se devait de passer à la postérité par flics et journalistes interposés plus sûrement qu'en 35 millimètres.

Projeté sur un écran de larmes et de sang qui ne pouvait être vu et apprécié — depuis son lit de mort de Lambersart — que par une unique spectatrice : Frimousse.

Et le loup dans tout ça ?

Au mieux, pour le fils de Frimousse, le loup n'était plus qu'un ancien gérant de salles de cinéma, au pire un figurant dépassé par les événements. Interdit de sunlights pour n'avoir pu empêcher une BMW de flamber près de l'étang de Berre, un certain soir d'avril !

Lui qui, d'après une folle rumeur ayant couru en son temps certains bars parisiens et marseillais, passait pour avoir corrigé la saga des Kennedy à partir du synopsis des pétroliers texans, il avait échoué à préserver la beauté de Jennifer Sanchez, sa protégée.

Elle qui aurait dû être la grâce et la douceur incarnées pour un gamin en manque d'affection, il l'avait laissée se transformer en créature « gore ».

Enfin, ça c'est la version qui sera livrée au juge d'instruction, aux parties civiles et à la presse. Le commissaire Cérutti fait un bond en arrière et laisse échapper un petit rire nerveux, « p'tit loup », le fils de Frimousse, vient d'expirer en vidant bruyamment ses intestins.

La version que Cérutti défendra — lors du prochain débriefing de son organisation — recoupe les éléments recueillis il y a un bail par le Sphinx et Arpent, et, plus récemment, par les anciens enquêteurs de police Rolou et Davidian.

Frimousse a soldé le dossier familial.

Un dossier devenu à peu près vide. Frimousse n'avait jamais eu l'importance de sa mère Josette sur l'échiquier du Diable. La mort de Josette Dumont, en 1987, ne pouvait que rendre caduc le pacte conclu avec Shaytan. Les *flammes de l'abomination* auxquelles la sorcière Josette Dumont avait accès, lors de ses rituels, pour entraver l'action des Forces blanches dans le rayon qui lui était imparti, ne s'étaient pas nécessairement mises à la disposition de sa fille... Pour Cérutti, Frimousse ne pouvait soutenir la comparaison avec sa mère et encore moins avec les magiciens noirs de Saint-Merry qui étaient derrière celle-ci.

La nuit dernière, Cérutti et Rolou se sont introduits à l'intérieur de la bâtisse qu'occupait la sorcière Josette Dumont avant son décès. Une immense bâtisse désormais à l'abandon, aussi lugubre à l'intérieur que dans les parties boisées qui l'encerclent.

Sa salle de magie ne comporte plus aucune statue, le ménage a été fait par les gens de Saint-Merry.

Rien n'y rappelle le culte rendu aux déités de l'inframonde. Sauf une rigole par laquelle s'écoulait le sang des sacrifiées... Le sang des gamines marseillaises en fugue amenées par Dourda, l'âme damnée de Josette Dumont.

Dourda s'était rebellé sur la fin. Il ne voulait plus ramener de proies à Josette Dumont, il entendait leurs hurlements même quand elles s'étaient tues, il en avait perdu le sommeil, d'après Serge Scocisse, un indic du Sphinx, liquidé par Sauveur Piluti en même temps que la pauvre Anna Fadurian.

La sorcière qui relayait en terre septentrionale l'action des centres planétaires de projections des influences sataniques ne pouvait prendre le moindre risque. Dourda s'était condamné lui-même en mettant en danger le « sanctuaire » de Lille, il devait disparaître. La sorcière avait donné le signal de son « suicide ».

L'ex-flic Cabréra aussi a le sens de la mise en scène.

Il s'est arrangé pour faire disparaître le pistolet Glock de Dumont et le remplacer par « son » fusil à pompe, méticuleusement débarrassé de ses empreintes.

Un fusil à pompe ayant servi lors de deux braquages d'épiceries marseillaises, ce qui compliquera un peu plus la tâche des enquêteurs ch'tis alertés par le coup de fil que Cabréra compte passer, d'ici une heure ou deux, sur une aire d'autoroute en s'aidant d'un portable qui n'est pas le sien. Un portable volé début juin à un dealer du Panier, racheté en même temps que le fusil à pompe.

CHAPITRE 37

Note blanche de la DGSI destinée au chef de cabinet du ministre de l'Intérieur :

Impliqué dans le trafic de drogue « sicilien » en pleine recomposition frontalière (l'axe Lille-Bruxelles a généré toute une série de règlements de comptes durant le premier semestre qui ont été signalés à votre attention) —, lié à la « famille » de Porta Nuova (Palerme) représentée dans l'Hexagone par Sauveur Piluti jusqu'à sa récente exécution (cf. notre note 6 A/3.C du 11 courant), le sieur Jean-Luc Dumont – surtout connu dans les milieux du cinéma et de l'édition sous les pseudonymes Raymond Tavin et Luc Gential — s'est suicidé en s'aidant d'un fusil à pompe sans prendre la peine d'expliquer son geste. Douze kilogrammes d'héroïne pure et soixante-dix kilogrammes de résine de cannabis destinés au marché nordiste ont été découverts, saisis et mis sous scellés par les enquêteurs, dans son discret plain-pied proche de la trouée d'Arenberg.

Note manuscrite du chef de cabinet du ministre de l'Intérieur à son homologue de la Défense :

Seule La Voix du Nord *a signalé le suicide du sieur Dumont par un entrefilet de six lignes en page 8 de sa dernière édition. Mais sans mentionner les substances illicites saisies ni l'absence d'autopsie décidée par le parquet.*

*

Note manuscrite du directeur du renseignement de la DGSE au chef de l'état-major particulier du président de la République :

Destruction dossier Blémant/« Le loup » /Mattei/Jenner/Sœurs Fadurian confirmée.

*

Site DailyNord :

Pas de trêve de Noël pour le SRPJ de Lille !
Ce jour, à 8 h 15, dans sa planque roubaisienne du quartier de l'Alma, a été découvert le cadavre de César Mulot, figure du grand banditisme qui était en cavale depuis septembre dernier. Mulot gisait sur le carrelage de la salle de bains, décédé de mort naturelle depuis une dizaine d'heures selon le médecin légiste dépêché sur les lieux.
Dans un box de l'Épeule qui abritait la Porsche Carrera de Mulot, les hommes du SRPJ ont saisi et placé sous scellés soixante kilogrammes d'héroïne et une mallette contenant cent soixante-quinze mille euros.

CHAPITRE 38

Aujourd'hui, 12 février

Au cœur de la nuit qui enveloppe Saint-Sauveur, la fille du Gran-Zongle vient de lire la mort de l'épouse d'Achille Demarchy dans les cartes, mais elle est bien décidée à garder ça pour elle.

Une mort douce. Durant son sommeil. Mais n'empêche...

La fille du Gran-Zongle ne veut pas être pour Achille la messagère du malheur !

Elle range le linge noir et les cartes dans leur coffret en cuir craquelé. Dans quelques minutes, elle enduira son corps de benjoin, de myrrhe et d'essence de verveine blanche pour supplier, au centre d'un grand cercle tracé au rhum blanc et au sang de poulet, Grand Dieu d'épargner la femme d'Achille.

Ça marche une fois sur deux d'après son oncle Gros-Désir, chauffeur de taxi à Dunkerque après avoir été jeteur de contre-sorts à Fort-de-France, ça vaut donc la peine d'essayer.

*

Le commissariat de Wazemmes du début des années soixante-dix a été reconstruit pour les besoins d'un film ! Non pas square Ghesquière à Lille, mais dans la friche industrielle que la maison de production

Plaies, bosses et compagnie a acquise à Roubaix. Premier coup de manivelle la semaine prochaine. Dernier coup de manivelle le mois prochain.

Francis Rolou, ancien enquêteur de police devenu romancier, scénariste et acteur, portera à l'écran sa propre histoire filmée en un temps record.

Générique intéressant. On parle de Carole Bouquet, Léa Seydoux, Daniel Auteuil, Olivier Marchal et Vincent Cassel. (Site Mediapart.)

*

14 février, 13 heures

Wazemmes. Resto japonais.

Francis Rolou rappelle aux époux Demarchy qu'en face du commissariat, du temps où il était enquêteur, se tenait un café à l'enseigne du *Coq Hardi*, aujourd'hui démoli.

— La tenancière se prénommait Suzanne, elle était une sorte de mémoire vivante et de conscience du quartier. Quand elle faisait sa lessive le lundi, je prenais un malin plaisir à planquer les couvercles de ses lessiveuses ! Tu incarneras Suzanne dans *Wazemmes-City,* ma petite Arlette... Chut, ne dis rien, le contrat est déjà préparé. Et tu es attendue sur le plateau demain matin... T'inquiète, je vais t'expliquer tranquillement ce que j'attends de toi...

Régis Fadurian fera ses débuts à l'écran lui aussi, il tiendra le rôle de l'inspecteur Dourda.

CHAPITRE 39

Hollywood

Un an s'est écoulé. Douze longs mois riches en adrénaline comme dans un grand film d'action.

Régis Fadurian est sur un petit nuage.
Il vient de signer le contrat du siècle.
Là où elle est, tante Anna doit être fière de lui.

Wazemmes-City *vient de franchir en France le cap des six millions d'entrées.*
Gageons que le Franco-Américain ne sera pas en position de faiblesse pour négocier son entrée au sein de la Warner Bros. (Site Allociné.)

*

Lille, 2 juin

Assise au fond de son jardin, Arlette Demarchy tourne le dos à sa vigne vierge préférée, elle ne cherche pas à retenir ses larmes.

Elle, l'ancienne gamine des filatures qui ne croit pas en Dieu, voudrait tant que le ciel existe et que son père et sa mère, vieux militants communistes comme l'étaient les parents de Rolou, aient été en capacité de la voir, il y a cinq minutes à peine, prendre le thé avec le réalisateur Olivier Marchal.

Ancien flic comme Rolou, Marchal la veut absolument dans son prochain film.

Et ce n'est pas tout.

Le mois prochain, elle sera à Austin, Texas...

Quentin Tarantino lui a fait un pont d'or.

En guise d'épilogue...

Paris, veille de Noël

Les gens se hâtent pour le réveillon.

Ils vont se gaver d'huîtres, de foie gras, de chapons, de dindes et faire couler les meilleurs vins dans des verres finement ouvragés pour honorer un Nazaréen né sur la paille.

Certains sortiront de table, l'allure vacillante, pour assister à la messe de minuit et avaler du vin chaud au retour.

Le Maître a traversé les égouts de Saint-Merry pour rejoindre la crypte de Sekhmit.

L'Ange noir de l'extermination protège la communauté des serviteurs de Shaytan.

Il convient de remercier cet Ange noir par le sang et les rituels.

Jusqu'au grand embrasement.

Los Angeles, 6 janvier

Derrière les palmiers des îlots, les tours de forage s'activent. Les pompes immergées tournent à plein régime. L'or noir ne risque pas de tarir les pires oblations.

Les *Brea Tar Pits*, les grands bassins de goudron naturel, continuent de dégorger leurs grands fossiles... Mammouths, éléphants, loups, tigres, bisons, ours, oiseaux...

Les vents venus de Mossoul, de Juba et de Khartoum renforcent la puissance des « attaches » du dieu-pétrole vers lesquelles convergent les vibrations noires de Salem, Yale, Boston, Lynn, Woburn, Salisbury, Ipswich...

Région de Sinjar, 5 septembre

Le vieil homme est épuisé. La faim et la soif le tenaillent. Tous les gens de son village ont été massacrés par les tueurs de l'État islamique parce qu'ils étaient Yézidis, parce qu'ils n'avaient pas voulu renier leur foi en Malak Tawous, l'Ange-Paon qui s'est fâché puis réconcilié avec Dieu.

Le vieil homme est le seul survivant.

Il est l'un des derniers Yézidis à connaître les vieilles formules magiques qui permettent d'échapper aux démons. Il tient ces formules de son père. Cela fait deux jours et deux nuits qu'il marche depuis qu'il est descendu de la montagne pour conduire ses rituels et répondre aux impulsions de l'Ange-Paon.

Il fuit les démons qui ont pris apparence humaine pour répandre la mort et le désespoir sur la terre de ses ancêtres.

Il fuit l'abomination appelée à gagner la terre entière.

POURQUOI ADHÉRER A L'ODS

En plus de rassembler toute une « faune de l'espace » passionnée de littératures de l'imaginaire, science-fiction, fantastique, fantasy, etc et tant de chercheurs érudits des univers de l'étrange, l'ODS est une association active qui organise ou coordonne de nombreux événements dans les domaines qui nous intéressent.

C'est un fait que l'activité de publication de fanzines qui était son expression principale à ses débuts a dû être transférée vers notre maison d'édition, EODS, faute de lecteurs assidus dans un secteur qui s'est peu à peu reporté vers le web. Certaines revues ont disparu, d'autres sont nées à cette occasion. Force est de nous adapter au potentiel du lectorat d'aujourd'hui, et nous voilà au XXIe siècle !

Toutefois, tout en nous adaptant, nous tenons, à l'ODS, à préserver cette convivialité qui fut toujours la première motivation de notre existence associative. C'est pourquoi nous poursuivons avant tout l'organisation de rencontres, conférences, congrès, dîners thématiques et autres missions scientifiques autour des thèmes qui nous sont chers. Participer à ces nombreuses activités, les organiser ou permettre à certains invités de venir y présenter leurs travaux, voilà aujourd'hui la vocation de l'ODS. Ainsi, tout au long de l'année, vous êtes conviés à nous rejoindre lors de dîners informels, comme celui du Nouvel Eon en janvier, et toutes sortes de rencontres à thèmes intitulées « on the spot », selon le calendrier de la venue d'auteurs en région parisienne, ainsi qu'à des colloques de haute teneur dont ceux organisés à Rennes-le-Château (ARTBS) ou à Paris comme le Congrès Fortéen, les journées Heuvelmans ou Jacques Bergier, etc, mais aussi à nous rendre visite sur les stands des nombreuses conventions auxquels nous participons.

L'organisation de ces événements et la participation de l'association à ceux organisés par d'autres sont aujourd'hui devenus notre activité principale, car c'est ce qui fait vivre notre univers littéraire et préserve ce caractère unique qui nous plaît. Si certains supports de lecture disparaissent petit à petit au profit de medias plus modernes — du fanzine au webzine, des listes de discussions aux réseaux sociaux, etc. — il reste que nous sommes tous attachés aux livres originaux au format papier, non seulement à l'objet que l'on peut aujourd'hui commander en trois clics, mais surtout à ce qui va autour, c'est-à-dire les rencontres, les discussions, le partage et les possibles collaborations qui s'improvisent au gré des initiatives de nos membres les plus passionnés et, bien entendu, au plaisir de lire !

La participation de chacun à cette fourmillante activité littéraire et autour de la littérature se coordonne le plus simplement possible par le moyen de notre association, et c'est la raison d'être de l'ODS. En y adhérant, et surtout en participant par votre présence et votre concours à ces rencontres, ainsi qu'à la naissance et la réalisation de nouveaux projets, vous nous aidez à prolonger la vie de notre multivers littéraire. Bienvenue à tous et merci pour votre présence !

Emmanuel Thibault, membre du Conseil de AODS

LES ÉDITIONS DE L'ŒIL DU SPHINX

SARL au capital de 15.245 €

R.C.S. Paris B 432 025 864 (2000 B11249)

36-42 rue de la Villette

75019 PARIS

Mail ods@oeildusphinx.com

http://www.œildusphinx.com

Tél 09.75.32.33.55

Fax 01.42.01.05.38

Toutes nos parutions sont sur :
http://boutique.oeildusphinx.com

Achevé d'imprimer en février 2019
par Kindle Diect Publishing
N° d'imprimeur : 8231